RELIGIÃO DOS ESPÍRITOS

Francisco Cândido Xavier

RELIGIÃO DOS ESPÍRITOS

Estudos e dissertações em torno da substância religiosa de *O livro dos espíritos*, de Allan Kardec

pelo Espírito
Emmanuel

Copyright © 1960 *by*
FEDERAÇÃO ESPÍRITA BRASILEIRA – FEB

22ª edição – 15ª impressão – 1,4 mil exemplares – 7/2025

ISBN 978-85-7328-713-4

Todos os direitos reservados. Nenhuma parte desta publicação pode ser reproduzida, armazenada ou transmitida, total ou parcialmente, por quaisquer métodos ou processos, sem autorização do detentor do *copyright*.

FEDERAÇÃO ESPÍRITA BRASILEIRA – FEB
SGAN 603 – Conjunto F – Avenida L2 Norte
70830-106 – Brasília (DF) – Brasil
www.febeditora.com.br
editorial@febnet.org.br
+55 61 2101 6161

Pedidos de livros à FEB
Comercial
Tel.: (61) 2101 6161 – comercial@febnet.org.br

Adquirindo esta obra, você está colaborando com as ações de assistência e promoção social da FEB e com o Movimento Espírita na divulgação do Evangelho de Jesus à luz do Espiritismo.

Dados Internacionais de Catalogação na Publicação (CIP)
(Federação Espírita Brasileira – Biblioteca de Obras Raras)

E54r   Emmanuel (Espírito)

       Religião dos espíritos: estudos e dissertações em torno da substância religiosa de O livro dos espíritos, de Allan Kardec / pelo Espírito Emmanuel; [psicografado por] Francisco Cândido Xavier. – 22. ed. – 15. imp. – Brasília: FEB, 2025.

       280 p.; 21 cm – (Coleção Estudando a Codificação)

       Inclui índice geral

       ISBN 978-85-7328-713-4

       1. Kardec, Allan, 1804-1869. O Livro dos Espíritos 2. Espiritismo. 3. Obras psicografadas. I. Xavier, Francisco Cândido, 1910–2002. II. Federação Espírita Brasileira. III. Título. IV. Coleção.

CDD 133.93
CDU 133.7
CDE 80.03.00

Sumário

Religião dos Espíritos 9
1 Se tiveres amor 11
2 Aborto delituoso 13
3 Tentação e remédio 15
4 Memória além-túmulo 17
5 Beneficência esquecida 19
6 Alienação mental 21
7 Ao redor do dinheiro 23
8 Cadinho 25
9 Mais 27
10 Examina a própria aflição 29
11 Pureza 31
12 Sobras 33
13 Dizes-te 35
14 Censura 37
15 Renascimento 39
16 Mediunidade e dever 41
17 Jesus e humildade 43
18 Herança 45
19 Corrigir 47
20 Carrasco 49
21 Obterás 51
22 Ante falsos profetas 53
23 Sofrimento e eutanásia 55
24 Reencarnação 57
25 Muito e pouco 59

26 Na Terra e no Além 61
27 Palavra aos espíritas 65
28 Desce elevando 69
29 Versão prática 71
30 Orientação espírita 73
31 Veneno 77
32 O obreiro do Senhor 79
33 Oração e provação 81
34 Responsabilidade e destino 83
35 Mensageiros divinos 85
36 O homem inteligente 87
37 O Guia real 89
38 Perseguidos 91
39 Amanhã 93
40 Servir a Deus 95
41 O caminho da paz 99
42 Nós mesmos 103
43 Examinadores 105
44 Na grande barreira 107
45 Esquecimento e reencarnação 111
46 Trabalha servindo 115
47 Contradição 119
48 Suicídio 121
49 O homem bom 125
50 Pena de morte 127
51 Felicidade e dever 131
52 A mulher ante o Cristo 133
53 Sexo e amor 135
54 Jovens 139
55 Sonâmbulos 143

56 Ante o Além 147
57 Fenômeno mediúnico 151
58 Ante os que partiram 155
59 Fenômeno magnético 159
60 Estranho delito 163
61 Doenças escolhidas 167
62 Ao sol do amor 171
63 Na grande transição 175
64 Meditemos 179
65 Reencarnação e progresso 183
66 Abençoa 187
67 Materialistas 191
68 Materialismo 193
69 Diante das tentações 195
70 Na hora da crise 199
71 Justiça e amor 203
72 Essas outras crianças 207
73 Amigos 211
74 Campanha na campanha 213
75 Em plena prova 217
76 Jesus e atualidade 219
77 Oração no dia dos mortos 223
78 Pluralidade dos mundos habitados 225
79 Abnegação 229
80 Doutrina espírita 233
81 Professores diferentes 237
82 O outro 241
83 Se desejas 243
84 Cada hora 247
85 No grande minuto 249

86 Dominar e falar 251
87 Contigo 253
88 O teste 255
89 Simpatia 257
90 Louvor do Natal 259
91 Tempo e serviço 261
Índice Geral 265

Religião dos Espíritos

Leitor amigo:
Temos aqui um livro diferente. Nem literatura, nem artifício. Nem propaganda, nem exegese.

Simples comentário em torno da substância religiosa de O livro dos espíritos, em cujo texto fixou Allan Kardec a definição da Nova Luz.

Desde muito, aspirávamos a realizá-lo, e isso, com a permissão do Senhor, nos foi possível no curso das 91 sessões públicas para estudo da Doutrina Espírita a que comparecemos, junto de nossos companheiros uberabenses, no transcurso de 1959, na sede da Comunhão Espírita Cristã, nesta cidade.

Em cada reunião, o texto para exame foi escolhido pelos nossos irmãos encarnados e, depois de apontamentos verbais entre eles, tecemos as modestas anotações aqui expostas, nem sempre nos restringindo, diante de circunstâncias especiais e imprevistas, ao tema em estudo.

Algumas foram publicadas em Reformador, revista da nossa venerável Federação Espírita Brasileira, e algumas outras nos jornais A Flama Espírita e Lavoura e Comércio, folhas da cidade de Uberaba.

Reunindo, porém, a totalidade de nossas humildes apreciações neste volume, fizemos pessoalmente integral revisão de todas elas, assinalando-as com a ordem cronológica em que foram grafadas e na pauta das perguntas e respostas que O Livro dos Espíritos nos apresentava.

Não temos, pois, outro objetivo que não seja demonstrar a nossa necessidade de estudo metódico da obra de Kardec, não só para lhe penetrarmos a essência redentora, como também para que lhe estendamos a grandeza em novas facetas do pensamento, na convicção de que outros companheiros de tarefa comparecerão à liça, suprindo-nos as deficiências naturais com estudos mais altos dos temas renovadores trazidos ao mundo pelo apóstolo de Lyon.

E aguardando por essas contribuições, na sementeira da fé viva, cremos poder afirmar, com o título deste volume, que o primeiro livro da Codificação Kardequiana é manancial tão rico de valores morais para o caminho humano que bem pode ser considerado não apenas como revelação da esfera superior, mas igualmente como primeiro marco da Religião dos Espíritos, em bases de sabedoria e amor, a refletir o Evangelho sob a inspiração de Nosso Senhor Jesus Cristo.

EMMANUEL
Uberaba (MG), 29 de janeiro de 1960.

1
Se tiveres amor

Reunião pública de 5-1-1959
Questão nº 887

Se tiveres amor, caminharás no mundo como alguém que transformou o próprio coração em chama divina a dissipar as trevas...

Encontrarás nos caluniadores almas invigilantes que a peçonha do mal entenebreceu e relevarás toda ofensa com que te martirizem as horas...

Surpreenderás nos maldizentes criaturas desprevenidas que o veneno da crueldade enlouqueceu e desculparás toda injúria com que te deprimam as esperanças...

Observarás no onzenário a vítima da ambição desregrada, acariciando a ignomínia da usura em que atormenta a si próprio, e no viciado o irmão que caiu voluntariamente na poça de fel em que arruína a si mesmo...

Reconhecerás a ignorância em toda manifestação contrária à justiça e descobrirás a miséria por fruto dessa mesma ignorância em toda parte onde o sofrimento plasma o cárcere da delinquência, o deserto do desespero, o inferno da revolta ou o pântano da preguiça...

Se tiveres amor, saberás, assim, cultivar o bem a cada instante para vencer o mal a cada hora...

E perceberás, então, como o Cristo fustigado na cruz, que os teus mais acirrados perseguidores são apenas crianças de curto entendimento e de sensibilidade enfermiça, que é preciso compreender e ajudar, perdoar e servir sempre, para que a glória do amor puro, mesmo nos suplícios da morte, nos erga o Espírito imperecível à bênção da vida eterna.

2
Aborto delituoso

Reunião pública de 9-1-1959
Questão nº 358

Comovemo-nos, habitualmente, diante das grandes tragédias que agitam a opinião.

Homicídios que convulsionam a imprensa e mobilizam largas equipes policiais...

Furtos espetaculares que inspiram vastas medidas de vigilância...

Assassínios, conflitos, ludíbrios e assaltos de todo jaez criam a guerra de nervos, em toda parte; e, para coibir semelhantes fecundações de ignorância e delinquência, erguem-se cárceres e fundem-se algemas, organiza-se o trabalho forçado, e, em algumas nações, a própria lapidação de infelizes é praticada na rua, sem qualquer laivo de compaixão.

Todavia, um crime existe mais doloroso, pela volúpia de crueldade com que é praticado, no silêncio do santuário doméstico ou no regaço da Natureza...

Crime estarrecedor, porque a vítima não tem voz para suplicar piedade nem braços robustos com que se confie aos movimentos da reação.

Referimo-nos ao aborto delituoso em que pais inconscientes determinam a morte dos próprios filhos, asfixiando-lhes a existência, antes que possam sorrir para a bênção da luz.

. . . .

Homens da Terra, e sobretudo vós, corações maternos chamados à exaltação do amor e da vida, abstende-vos de semelhante ação, que vos desequilibra a alma e entenebrece o caminho!

Fugi do satânico propósito de sufocar os rebentos do próprio seio, porque os Anjos tenros que rechaçais são mensageiros da Providência, assomantes no lar em vosso próprio socorro, e, se não há legislação humana que vos assinale a torpitude do infanticídio, nos recintos familiares ou na sombra da noite, os olhos divinos de Nosso Pai vos contemplam do Céu, chamando-vos, em silêncio, às provas do reajuste, a fim de que se vos expurgue da consciência a falta indesculpável que perpetrastes.

3
Tentação e remédio

Reunião pública de 12-1-1959
Questão nº 712

Qual acontece com a árvore a equilibrar-se sobre as próprias raízes, guardamos o coração na tela do presente, respirando o influxo do passado.

É assim que o problema da tentação, antes que nascido de objetos ou paisagens exteriores, surge fundamentalmente de nós — na trama de sombra em que se nos enovelam os pensamentos...

Acresce, ainda, que essas mesmas ondas de força experimentam a atuação dos amigos desenfaixados da carne que deixamos a distância da esfera física, motivo por que, muitas vezes, os debuxos mentais que nos incomodam levemente, de início, no campo dessa ou daquela ideia infeliz, gradualmente se fazem quadros enormes e inquietantes em que se nos aprisionam os sentimentos, que passam, muita vez, ao domínio da obsessão manifesta.

Todavia, é preciso lembrar que a vida é permanente renovação, propelindo-nos a entender que o cultivo da bondade incessante é o recurso eficaz contra o assédio de toda influência perniciosa.

É o trabalho, por essa forma, o antídoto adequado, capaz de anular toda enquistação tóxica do mundo íntimo, impulsionando-nos o Espírito a novos tipos de sugestão, nos quais venhamos a assimilar o socorro dos Emissários da Luz, cujos braços de amor nos arrebatam ao nevoeiro dos próprios enganos.

Assim, pois, se aspiras à vitória sobre o visco da treva que nos arrasta para os despenhadeiros da loucura ou do crime, ergue no serviço à felicidade dos semelhantes o altar dos teus interesses de cada dia, porquanto, mesmo o delinquente confesso, em se decidindo a ser o apoio do bem na Terra, transforma-se, pouco a pouco, em mensageiro do Céu.

4
Memória além-túmulo

Reunião pública de 16-1-1959
Questão nº 220

Automaticamente, por força da lógica, elege o homem na contabilidade uma das forças de base ao próprio caminho.

Contas maiores legalizam as relações do comércio, e contas menores regulamentam o equilíbrio do lar.

Débitos pagos melhoram as credenciais de qualquer cidadão, enquanto os compromissos menosprezados desprestigiam a ficha de qualquer um.

Assim também, para lá do sepulcro, surge o registro contábil da memória como elemento de aferição do nosso próprio valor.

A faculdade de recordar é o agente que nos premia ou nos pune ante os acertos e os desacertos da rota.

Dessa forma, se os atos louváveis são recursos de abençoada renovação e profunda alegria nos recessos da alma, as ações infelizes se erguem, além do túmulo, por fantasmas de remorso e aflição no mundo da consciência.

Crimes perpetrados, faltas cometidas, erros deliberados, palavras delituosas e omissões lamentáveis esperam-nos a lembrança, impondo-nos, em reflexos dolorosos, o efeito de nossas quedas e o resultado de nossos desregramentos, quando os sentidos da esfera física não mais nos acalentam as ilusões.

Não olvideis, assim, que, além da morte, a vida nos aguarda em perpetuidade de grandeza e de luz, e que, nessas mesmas dimensões de glorificação e beleza, a memória imperecível é sempre o espelho que nos retrata o passado, a fim de que a sombra, reinante em nós, se dissolva nas lições do presente, impelindo-nos a seguir, desenleados da treva, no encalço da perfeição com que nos acena o futuro.

5
Beneficência esquecida

Reunião pública de 19-1-1959
Questão nº 920

Na solução aos problemas da caridade, não olvides a beneficência do campo mais íntimo, que tanta vez relegamos à indiferença. Prega a fraternidade, aproveitando a tribuna que te componha os gestos e discipline a voz; no entanto, recebe na propriedade ou no lar, por verdadeiros irmãos, os companheiros de luta, assalariados a teu serviço.

Esclarece os Espíritos conturbados e sofredores nos círculos consagrados ao socorro daqueles que caíram em desajuste mental; contudo, acolhe com redobrado carinho os parentes desorientados que a provação desequilibra ou ensandece.

Auxilia a erguer abrigos de ternura para as crianças abandonadas; todavia, abraça em casa os filhinhos que Deus te deu, conduzindo-lhes a mente infantil, por meio do próprio exemplo, ao santuário do dever e do trabalho, do amor e da educação.

Espalha a Doutrina de paz que te abençoa a senda, divulgando-a, por intermédio do conceito brilhante que te reponta da pena, mas não olvides exercê-la em ti próprio, ainda mesmo à custa de aflição e de sacrifício, para que o teu passo, entre as quatro paredes do instituto doméstico, seja um marco de luz para os que te acompanham.

Cede aos necessitados daquilo que reténs no curso das horas...

Dá, porém, de ti mesmo aos semelhantes, em bondade e serviço, reconforto e perdão, cada vez que alguém se revele faminto de proteção e desculpa, entendimento e carinho.

Beneficência! Beneficência!

Não lhe manches a taça com o veneno da exibição, nem lhe tisnes a fonte com o lodo da vaidade!

Recebe-lhe as sugestões de amor no imo do coração e, buscando-a primeiramente nos escaninhos da própria alma, sentiremos nós todos a intraduzível felicidade que se derrama da felicidade que venhamos a propiciar aos outros, conquistando, por fim, a alegria sublime que foge ao alarde dos homens para dilatar-se no silêncio de Deus.

6
Alienação mental

Reunião pública de 23-1-1959
Questão nº 373

Enquanto o vício se nos reflete no corpo, os abusos da consciência se nos estampam na alma, segundo a modalidade de nossos desregramentos.

É assim que atravessam as cinzas da morte, em perigoso desequilíbrio da mente, quantos se consagraram no mundo à crueldade e à injustiça, furtando a segurança e a felicidade dos outros.

Fazedores de guerra que depravaram a confiança do povo com peçonhento apetite de sangue e ouro, legisladores despóticos que perverteram a autoridade, magnatas do comércio que segregaram o pão, agravando a penúria do próximo, profissionais do Direito que buscaram torturar a verdade em proveito do crime, expoentes da usura que trancafiaram a riqueza coletiva necessária ao progresso, artistas que venderam a sensibilidade e a cultura, degradando os sentimentos da multidão, e homens e mulheres que trocaram o templo do lar pelas aventuras da deserção, acabando no suicídio ou na delinquência, encarceram-se nos vórtices da loucura, penetrando, depois, na vida espiritual como fantasmas de arrependimento e remorso, arrastando consigo as telas horripilantes da culpa em que se lhes agregam os pensamentos.

E a única terapêutica de semelhantes doentes é a volta aos berços de sombra em que, mediante a reencarnação redentora, ressurgem no vaso físico — cela preciosa de tratamento —, na condição de crianças-problema em dolorosas perturbações.

. . . .

Todos vós, desse modo, que recebestes no lar Anjos tristes, no eclipse da razão, conchegai-os com paciência e ternura, porquanto são, quase sempre, laços enfermos de nosso próprio passado, inteligências que decerto auxiliamos irrefletidamente a perder e que, hoje, retornam à concha de nossos braços, esmolando entendimento e carinho, para que se refaçam, na clausura da inibição e da idiotia, para a bênção da liberdade e para a glória da luz.

7
Ao redor do dinheiro

Reunião pública de 26-1-1959
Questão nº 816

Efetivamente, perante a visão da esfera espiritual, o homem afortunado na Terra surge sempre à feição de alguém que enorme risco ameaça. Operários da evolução, a quem se confiou a mordomia do ouro, aqueles que detêm a finança comum afiguram-se-nos companheiros constantemente afrontados pelas perspectivas de desastre iminente, assim como os responsáveis pela condução da energia elétrica, em contato com agentes de alta tensão, ou, ainda, como os especialistas de laboratório, quando impelidos a manusear certa classe de vírus ou de venenos, com vistas à preservação e ao benefício do povo.

Considerando, porém, as inconveniências e desvantagens que assinalam a luta dos que foram chamados a transportar semelhantes cruzes amoedadas, é forçoso convir que o coração voltado para Jesus pode sustentar-se, nesse círculo de incessantes inquietações, na tarefa sublime da paz e da luz, da ascensão e da liberdade.

Isso porque, se o dinheiro nas garras da usura pode agravar os flagícios da orfandade e os tormentos da viuvez, nas mãos justas do bem converte o pauperismo em trabalho e o sofrimento em educação.

Se a riqueza entesourada sem o lucro de todos pode gerar o colapso do progresso, o centavo movimentado ao impulso da caridade é o avivamento do amor na Terra, por transformar-se, a cada minuto, no remédio ao enfermo necessitado, no livro renovador das vítimas do desânimo, no teto endereçado aos que vagueiam sem rumo e na gota de leite que tonifica o corpo subnutrido da criancinha sem lar.

Ninguém tema, desse modo, a grave responsabilidade da posse efêmera entre as criaturas humanas, mas que toda propriedade seja por nós recebida como empréstimo santo, cujos benefícios é preciso estender em proveito geral, atentos à lei de que a felicidade só é verdadeira quando respira na construção da felicidade devida aos outros.

Assim, pois, compreendamos, com a segurança da lógica e com a harmonia da sensatez, que, em verdade, não se pode servir a Deus e a Mamon, mas que é nossa obrigação das mais simples colocar Mamon a serviço de Deus.

8
Cadinho

Reunião pública de 30-1-1959
Questão nº 260

Muitas vezes, na Terra, na posição de cultores da delinquência, conseguimos escapar das sentinelas da punição.

Faltas não previstas na legislação terrestre, como certos atos de crueldade e muitos crimes da ingratidão, muros adentro de nossa vida particular, quase sempre acarretam a queda e a perturbação, a enfermidade e a morte de criaturas que a Divina Bondade nos põe no caminho.

De outra feita, quando positivamente enodoados com o ferrete da culpa, conseguimos aligeirar nossas penas ou delas nos exonerar, subornando consciências dolosas no recinto dos tribunais.

Todavia, a reta justiça nos espera infalível, e além da morte, mesmo quando tenhamos legado ao mundo vastas parcelas de cultura e benemerência, eis que as marcas de ignomínia se nos destacam do ser, então expostas à grande Luz.

Nessa crise inesperada, imploramos nós mesmos retorno e readmissão nos cursos de trabalho em que se nos desmandaram a deserção e a falência, a fim de ressarcirmos os débitos que os homens não conheceram, mas que vibram, obcecantes, no imo de nossas almas.

É assim que voltamos ao cadinho fervente da purgação, retomando nos fios da consanguinidade a presença daqueles que mais ferimos, para devolver-lhes em ternura e devotamento os patrimônios dilapidados, rearticulando os elos da harmonia que nos ligam a todos, na universalidade da vida, perante a Lei.

Reverenciemos, desse modo, no lar humano, não apenas o templo de carinho em que se nos reabastecem as forças, no exercício do bem eterno, mas igualmente a rude escola da regeneração, em que retomamos o convívio dos velhos adversários que nós mesmos criamos, a ressurgirem na forma de aversões instintivas e desafetos ocultos, que nos constrangem cada hora à lição da renúncia e à mensagem do sacrifício.

E por mais inquietante se nos afigure a experiência no educandário doméstico, guardemos, dentro dele, extrema devoção ao dever, perdoando e ajudando, compreendendo e amparando sem descansar, pois somente aquele que se engrandeceu, entre as quatro paredes da própria casa, é que pode, em verdade, servir à obra de Deus no campo vasto do mundo.

9
Mais

Reunião pública de 2-2-1959
Questão nº 716

O "mais" é sempre a equação nas contas da Lei divina.
Ao criar a criatura, determinou o Criador tudo se crie na Criação.
Por isso mesmo, a antiga legenda "crescei e multiplicai-vos" comparece ativa em todos os planos da Natureza.
Entreguemos o fruto nutritivo aos fatores de desagregação e, em poucas horas, transmutar-se-á em bolo pestífero.
Ajudemos a semente preciosa, amparando-lhe a cultura, e, no curso de algum tempo, responsabilizar-se-á pela fartura do celeiro, transfigurando pântanos e charnecas em campos de flor e pão.
É assim que o mesmo princípio se revela, insofismável, em todo o caminho humano.

Cede a lente de teus olhos às arestas do mal e, a breve espaço, não apreenderás senão sombras.

Entorpece a antena dos ouvidos no enxurro da maledicência convertida em lama sonora, e acordarás no charco da calúnia, aviltando a ti mesmo.

Faze da língua instrumento de críticas incessantes, e acabarás guardando na boca uma placenta envenenada, servindo à parturição da crueldade e do crime.

Conserva os braços na estufa da preguiça, e terminarás a existência transpirando bolor e inutilidade.

Entretanto, se te confias ao amor puro, buscando estender-lhe a claridade sublime, por meio do serviço aos outros, atrairás, em teu próprio favor, a influência benéfica de quantos te observam as horas, entre a simpatia e a cooperação, acrescentando-te possibilidades e forças para que transformes a vida num cântico de beleza a caminho da esfera superior.

Do que escolhas cada dia para sentir e pensar, encontrarás auxílio para falar e fazer.

Assim, pois, vigia o coração e fiscaliza teus atos com a lâmpada viva da lição de Jesus, porque terás sempre mais do que faças, em colheita de treva ou luz, conforme a tua sementeira de mal ou bem.

10
Examina a própria aflição

Reunião pública de 13-2-1959
Questão nº 908

Examina a própria aflição para que não se converta a tua inquietude em arrasadora tempestade emotiva.
Todas as aflições se caracterizam por tipos e nomes especiais.
A aflição do egoísmo chama-se egolatria.
A aflição do vício chama-se delinquência.
A aflição da agressividade chama-se cólera.
A aflição do crime chama-se remorso.
A aflição do fanatismo chama-se intolerância.
A aflição da fuga chama-se covardia.
A aflição da inveja chama-se despeito.
A aflição da leviandade chama-se insensatez.
A aflição da indisciplina chama-se desordem.
A aflição da brutalidade chama-se violência.

A aflição da preguiça chama-se rebeldia.
A aflição da vaidade chama-se loucura.
A aflição do relaxamento chama-se evasiva.
A aflição da indiferença chama-se desânimo.
A aflição da inutilidade chama-se queixa.
A aflição do ciúme chama-se desespero.
A aflição da impaciência chama-se intemperança.
A aflição da sovinice chama-se miséria.
A aflição da injustiça chama-se crueldade.
Cada criatura tem a aflição que lhe é própria.

A aflição do reino doméstico e da esfera profissional, do raciocínio e do sentimento...

Os corações unidos ao sumo bem, contudo, sabem que suportar as aflições menores da estrada é evitar as aflições maiores da vida e, por isso, apenas eles, anônimos heróis da luta cotidiana, conseguem receber e acumular em si mesmos os talentos de amor e paz reservados por Jesus aos sofredores da Terra, quando pronunciou no monte a divina promessa:

"Bem-aventurados os aflitos!"

11
Pureza

Reunião pública de 16-2-1959
Questão nº 632

"Bem-aventurados os puros, porque verão a Deus."
Estudando a palavra do Mestre divino, recordemos que no mundo, até hoje, não existiu ninguém como Ele, com tanta pureza na própria alma.

Cabe-nos, pois, lembrar como Jesus via no caminho da vida, para reconhecermos com segurança que, embora na Terra, sabia encontrar a Presença divina em todas as situações e em todas as criaturas.

Para muita gente, a manjedoura era lugar desprezível; entretanto, Ele via Deus na humildade com que a Natureza lhe oferecia materno colo e transformou a estrebaria num poema de excelsa beleza.

Para muita gente, Maria de Magdala era mulher sem qualquer valor pela condição de obsidiada com que se mostrava na vida pública; no entanto, Ele via Deus naquele coração feminino ralado de sofrimento e converteu-a em mensageira da celeste ressurreição.

Para muita gente, Simão Pedro era homem rude e inconstante, indigno de maior consideração; contudo, Ele via Deus no Espírito atribulado do pescador semianalfabeto que o povo menosprezava e transmutou-o em paradigma da fé cristã para todos os séculos.

Para muita gente, Judas era negociante de expressão suspeita, capaz de astuciosos ardis em louvor de si mesmo; no entanto, Ele via Deus na alma inquieta do companheiro que os outros menoscabavam e estendeu-lhe braços amigos até ao fim da penosa deserção a que o discípulo distraído se entregou, invigilante.

Para muita gente, Saulo de Tarso era guardião intransigente da Lei antiga, vaidoso e perverso, na defesa dos próprios caprichos; contudo, Ele via Deus naquele Espírito atormentado e procurou-o pessoalmente para confiar-lhe embaixada importante.

Se purificares, assim, o coração, identificarás a presença de Deus em toda parte, compreendendo que a esperança do Criador não esmorece em criatura alguma, e perceberás que a maldade e o crime são apenas espinheiro e lama que envolvem o campo da alma — o brilhante divino que virá fatalmente à luz...

E, aprendendo e servindo, ajudando e amando, passarás, na Terra, por mensagem incessante de amor, ensinando os homens que te rodeiam a converter o charco em berço de pão e a entender que, mesmo nas profundezas do pântano, podem surgir lírios perfumados e puros para exaltar a glória de Deus.

12
Sobras

Reunião pública de 20-2-1959
Questão nº 715

    A sobra em todas as situações é o agente aferidor do nosso ajustamento à Lei Eterna, que estatui sejam os recursos do Criador divididos justificadamente por todas as criaturas, a começar pela bênção vivificante do Sol.
    É assim que o leite a desperdiçar-se, na mesa, é a migalha de alimento que sonegas à criancinha órfã de pão, tanto quanto a roupa a emalar-se, desnecessária, no recanto doméstico, é o agasalho que deves à nudez que a noite fria vergasta.
    Por isso mesmo, é pelo supérfluo acumulado em vão que começam todos os nossos desacertos perante a Bênção divina.
    Formações miasmáticas invadem-te o lar pelos frutos apodrecidos que recusas à fome dos semelhantes; prolifera a traça na moradia, pelo vestuário que segregas a distância de quem sofre

a intempérie; multiplicam-se víboras e espinheiros na gleba que guardas, inútil; arma-te a inveja ciladas soezes ao pé de patrimônios materiais que reténs, sem qualquer benefício para a necessidade dos outros, e, sobretudo, os expoentes da criminalidade e do vício senhoreiam-te a vida nas horas vagas em que te refestelas nos braços da ilusão, exaltando a leviandade e a preguiça.

Não olvides, assim, que toda sobra desaproveitada nos bens que desfrutas, por efeito de empréstimo da Providência maior, se converte em cadeia de retaguarda, situando-te pensamentos e aspirações na cidadela da sombra. E, repartindo com o próximo as vantagens que te enriquecem os dias, seguirás, desde a Terra, pelos investimentos do amor puro e incessante, em direitura à Plenitude celestial.

13
Dizes-te

Reunião pública de 23-2-1959
Questão nº 888

Dizes-te pobre; entretanto, milionários de todas as procedências dar-te-iam larga fortuna por ínfima parte do tesouro de tua fé.

Dizes-te desorientado; contudo, legiões de companheiros, cujo passo a cegueira física entenebrece, comprar-te-iam por alta recompensa leve migalha da visão que te favorece para contemplarem pequena faixa da Natureza.

Dizes-te impedido de praticar o bem; todavia, multidões de pessoas algemadas aos catres da enfermidade oferecer-te-iam bolsas repletas por insignificante recurso da locomoção com que te deslocas, de maneira a se exercitarem no auxílio aos outros.

Dizes-te desanimado, sem te recordares, porém, de que vastas fileiras de mutilados estariam dispostos a adquirir, com a mais elevada quota de ouro, a riqueza de teus pés e a bênção de teus braços.

Dizes-te em provação, mas olvidas que, na triste enxovia dos manicômios, inúmeros sofredores cederiam quanto possuem para que lhes desses um pouco de equilíbrio e de lucidez.

Dizes-te impossibilitado de ajudar com a luz da palavra; no entanto, mudos incontáveis fariam sacrifícios ingentes para deter algum recurso do verbo claro que te vibra na boca.

Dizes-te desamparado; entretanto, milhões de criaturas dariam tudo o que lhes define a posse na vida para usar um corpo harmônico qual o teu, a fim de socorrerem os filhos da expiação e do sofrimento.

Por quem és, não lavres certidão de incapacidade contra ti mesmo.

Lembra-te de que um sorriso de confiança, uma prece de ternura, uma frase de bom ânimo, um gesto de solidariedade e um minuto de paz não têm preço na Terra.

Antes de censurar o irmão que traz consigo a prova esfogueante das grandes propriedades, sai de ti mesmo e auxilia o próximo, que, muita vez, espera simplesmente uma palavra de entendimento e de reconforto para transferir-se da treva à luz.

E, então, perceberás que a beneficência é o cofre que devolve patrimônios temporariamente guardados a distância das necessidades alheias, e que a caridade, lídima e pura, é amor sempre vivo, a fluir, incessante, do amor de Deus.

14
Censura

Reunião pública de 27-2-1959
Questão nº 903

Imagina-te aplicando vasta porção de borralho sobre a plantação nascente da qual esperas colheita farta; servindo líquido antisséptico na água destinada àqueles cuja sede te propões extinguir; misturando certa quantidade de cal bruta à refeição do companheiro de quem desejas matar a fome; deitando fel na iguaria endereçada ao vizinho a quem almejas agradar, ou vestindo alguém com determinada peça forrada com alfinetes espetantes. Compreenderás, certamente, o que seja a prática da censura incorporada ao teu propósito de servir.

15
Renascimento

Reunião pública de 2-3-1959
Questão nº 169

Não aguardes o lance da morte para atender, em ti mesmo, à grande renovação.

Se a chama de tuas esperanças mais caras surge agora reduzida a pó e cinza, aproveita os resíduos dos sonhos mortos por adubo à nova sementeira de fé e caminha para diante, sem descrer da felicidade.

Muitos desertam do quadro escabroso em que o Céu lhes permite a quitação com as Leis divinas, deitando-lhe insultos, como se se retirassem de província infernal, mas voltarão a ele, em momento oportuno, com lágrimas de tardio arrependimento, para reajustar suas disposições, quando poupariam larga quota de tempo se lhe buscassem compreender as lições ocultas.

Outros muitos fogem de entes amados, reprochando-lhes a conduta e anatematizando-lhes a existência, qual se se ausentassem de desapiedados verdugos; no entanto, voltarão, igualmente mais tarde, a tributar-lhes paciência e carinho, a fim de curar-lhes as chagas de ignorância e ajudá-los no pagamento de débitos escabrosos, entendendo, por fim, que teriam adquirido enorme tesouro de experiência se lhes houvessem doado apoio e entendimento, perdão e auxílio justo no instante difícil em que se mostravam desmemoriados e inconscientes.

Não deixes, assim, para amanhã o trabalho bendito da caridade que te pede ação ainda hoje.

O caminho de angústia e a mão do insensato despontam do pretérito, cujas dívidas precisamos solver.

Desse modo, se te não é lícito possuir esse ou aquele patrimônio que te parece adequado à realização do mais alto ideal, faze da tela escura em que estagias a escola da própria sublimação, e, se não podes receber em determinada condição a alma que amas no mundo, consagra-lhe mesmo assim o melhor de teu culto, estendendo-lhe a bondade silenciosa na bênção da simpatia.

Não encomendes, pois, embaraços e aversões à loja do futuro, porque, a favor de nossa própria renovação, concede-nos o Senhor, cada manhã, o Sol renascente de cada dia.

16
Mediunidade e dever

Reunião pública de 2-3-1959
Questão nº 799

No campo da mediunidade, não olvides que o dever retamente cumprido é a bússola que te propiciará rumo certo.

Deslumbrar-te-ás na contemplação de painéis assombrosos na esfera extrafísica, mas, se não enxergas o quadro das próprias obrigações a fim de atendê-las honestamente, a breve espaço sofrerás a espionagem das inteligências que pervagam nas trevas, a converterem-te as horas em pasto de vampirismo.

Escutarás sublimes revelações, inacessíveis ao sensório comum; todavia, se não estiveres atento para com as ordenações da consciência laboriosa e tranquila, em pouco tempo serás ouvido pelos agentes da sombra a enredarem-te os passos no fojo de perturbações aviltantes.

Assimilarás o influxo mental de Espíritos nobres, domiciliados além da Terra, e transmitir-lhes-ás a palavra construtiva em discursos admiráveis; contudo, se não demonstras reta conduta à frente dos outros, no exemplo vivo do trabalho e do entendimento, sem demora te encontrarás envolvido nas vibrações de criaturas retardadas e delinquentes, a chumbarem-te os pés na fossa da obsessão.

Psicografarás páginas brilhantes, nas quais a ciência e a fé se estampam, divinas; no entanto, se teus braços desertam do serviço santificante, transformar-te-ás facilmente no escriba da vaidade e da insensatez.

Fornecerás importantes notícias do mundo espiritual, utilizando recursos ainda ignorados pela percepção dos teus ouvintes; entretanto, se foges do estudo que te faculta discernimento, serás para logo detido no nevoeiro da ignorância.

Se a mediunidade evidente é tarefa que te assinala o roteiro, não te afastes dos compromissos que a vida te impõe.

Sobretudo, lembra-te sempre de que o talento mediúnico encerrado nas tuas mãos deve ser a tela digna em que os mensageiros da Espiritualidade Maior possam criar as obras-primas da caridade e da educação, porquanto, de outro modo, se buscas comprazimento na indisciplina, do pano roto de tuas energias descontroladas surgirá simplesmente a caricatura das bênçãos que te propunhas veicular, debuxada pelos artistas do escárnio que se valem da fantasia em detrimento da luz.

17
Jesus e humildade

Reunião pública de 9-3-1959
Questão nº 937

Estudando a humildade, vejamos como se comportava Jesus no exercício da sublime virtude.

Decerto, no tempo em que ao mundo deveria surgir a mensagem da Boa-Nova, poderia permanecer na glória celeste e fazer-se representar entre os homens pela pessoa de mensageiros angélicos, mas preferiu descer, Ele mesmo, ao chão da Terra e experimentar-lhe as vicissitudes.

Indubitavelmente, contava com poder bastante para anular a sentença de Herodes, que mandava decepar a cabeça dos recém-natos de sua condição, com o fim de impedir-lhe a presença; entretanto, afastou-se prudentemente para longínquo rincão, até que a descabida exigência fosse necessariamente proscrita.

Dispunha de vastos recursos para se impor em Jerusalém, ao pé dos doutores que lhe negavam autoridade no ensino das novas revelações; contudo, retirou-se sem mágoa em demanda de remota província a valer-se dos homens rudes que lhe acolhiam a palavra consoladora.

Tinha suficiente virtude para humilhar a filha de Magdala, dominada pela força das sombras; no entanto, silenciou a própria grandeza moral para chamá-la docemente ao reajuste da vida.

Atento à própria dignidade, era justo que mandasse os discípulos ao encontro dos sofredores para consolá-los na angústia e sarar-lhes a ulceração; todavia, não renunciou ao privilégio de seguir, Ele mesmo, em cada canto de estrada, a fim de ofertar-lhes alívio e esperança, fortaleza e renovação.

Certo, detinha elementos para desfazer-se de Judas, o aprendiz insensato; porém, apesar de tudo, conservou-o até o último dia da luta entre aqueles que mais amava.

Com uma simples palavra, poderia confundir os juízes que o rebaixavam perante Barrabás, autor de crimes confessos; contudo, abraçou a cruz da morte, rogando perdão para os próprios carrascos.

Por fim, poderia condenar Saulo de Tarso, o implacável perseguidor, a penas soezes pela intransigência perversa com que aniquilava a plantação do Evangelho nascente; mas buscou-o, em pessoa, às portas de Damasco, visitando-lhe o coração, por sabê-lo enganado na direção em que se movia.

Com Jesus, percebemos que a humildade nem sempre surge da pobreza ou da enfermidade, que tantas vezes somente significam lições regeneradoras, e sim que o talento celeste é atitude da alma que olvida a própria luz para levantar os que se arrastam nas trevas e que procura sacrificar a si própria nos carreiros empedrados do mundo para que os outros aprendam, sem constrangimento ou barulho, a encontrar o caminho para as bênçãos do Céu.

18
Herança

Reunião pública de 13-3-1959
Questão nº 264

O exemplo de ontem é a raiz oculta que deita as vergônteas floridas ou espinhosas na árvore da tua experiência de hoje.

Tens do que deste, tanto quanto recolhes compulsoriamente do que semeaste.

Nos pais irascíveis e intolerantes, recebes os parceiros de outras eras, com os quais te acumpliciaste na delinquência, a fim de que lhes reconduzas o passo à quitação perante a Lei.

Na esposa impertinente e enferma, surpreendes a mulher que viciaste a distância de obrigações veneráveis, para que, à custa de abnegação e carinho, lhe restaures no Espírito a dignidade do próprio ser.

No companheiro insensato e infiel, tens o ânimo defrontado pelo homem que desviaste de deveres santificantes, de modo a lhe despertares na consciência, a preço de sofrimento e renúncia, as verdadeiras noções da honra e da lealdade.

Nos filhos ingratos, encontras, de novo, aquelas mesmas criaturas que atiraste ao precipício da irreflexão e da violência, a exigirem-te, em sacrifício incessante, a escada do reajuste.

Nos empeços da vida social dolorosa e difícil, recuperas exatamente os estorvos que armaste ao caminho alheio, para que venhas a esculpir, no santuário das próprias forças, o respeito preciso para com a tarefa dos outros.

No corpo mutilado ou desfalecente, impões a ti mesmo a resultante dos abusos a que te dedicaste, esquecido de que todos os patrimônios da marcha são empréstimos da Providência Maior e que sempre devolveremos em época prevista.

Herdamos, assim, de nós mesmos tudo aquilo que se nos afigura embaraço e miséria no cálice do destino.

Se desejas, portanto, conquistar em ti mesmo a vitória da luz, lembra-te, cada dia, de que o meirinho da morte chegará de improviso, reclamando-te em conta tudo aquilo que o mundo te confia à existência, sejam títulos nobres e afeições respeitáveis, sejam posses e privilégios, que perduram apenas no escoar de alguns dias, para que, enfim, recebas, por vera propriedade, os frutos bons ou maus de teus próprios exemplos, que impelirão tua alma à descida na treva ou à glória imortal da divina ascensão.

19
Corrigir

Reunião pública de 16-3-1959
Questão nº 822

Toda corrigenda, antes que se exprima em palavras, há de vazar-se em amor para que a vida se eleve.

Senão, vejamos em comezinhos incidentes da Natureza.

Não amaldiçoarás a gleba que o deserto alcançou, mas oferecer-lhe-ás a graça da fonte para que retorne aos talentos da produção.

Não condenarás o pântano em que a lama se acumulou, provocando a inutilidade, mas drenar-lhe-ás o leito de lodo, a fim de que se restaure em leira fecunda.

Não reprovarás simplesmente a veste que os detritos desfiguraram, mas mergulhá-la-ás na água pura, recompondo-lhe a forma para a bênção da serventia.

Não martelarás indiscriminadamente a máquina, cuja engrenagem se nega à função devida, e sim lhe examinarás, com atenção, os implementos defeituosos, de modo a recuperá-la para o justo exercício.

Não derrubarás a plantação nascente que a praga invadiu, mas mobilizarás carinho e cuidado para libertá-la do elemento destruidor, propiciando-lhe recurso preciso ao refazimento.

Não aniquilarás certa província corpórea, porque se mostre enfermiça, mas fornecer-lhe-ás adequado remédio, normalizando-lhe os movimentos.

Repreensão sem paciência e esperança, ainda mesmo quando se fundamente em razões respeitáveis, é semelhante ao punhal de ouro fulgurando rara beleza, mas carreando consigo a visitação da morte.

Corrigir é ensinar, e ensinar será repetir a lição, com bondade e entendimento, tantas vezes quantas se fizerem necessárias.

Unge-te, pois, de compaixão, se desejas retificar e servir.

Lembra-te de que o próprio Cristo, embora portador de sublimes revelações no tope do monte, antes de ministrar a verdade à mente dos ouvintes sequiosos de luz, ao reparar-lhes a fome do corpo, deu-lhes, compassivo, um pedaço de pão.

20
Carrasco

Reunião pública de 20-3-1959
Questão nº 913

    Verdugo invisível, onde se lhe evidencie a influência, aparecem a rebeldia e o azedume, preparando a perturbação e a discórdia.
    Mostra-se na alma que lhe ouve as pérfidas sugestões, à maneira de fera oculta a atirar-se sobre a presa.
    Assimilando-lhe a faixa de treva, cai a mente em aflitiva cegueira, dentro da qual não mais enxerga senão a si mesma.
    E assim dominada, a criatura, ao pé dos outros, é a personificação da exigência, desmandando-se, a cada instante, em reclamações descabidas, incapaz de anotar os sofrimentos alheios.
    Pisa nas dores do próximo com a dureza do bronze e recebe-lhe as petições com a agressividade do espinheiro, expelindo pragas e maldições. Onde surge, pede os primeiros lugares, e, se lhos

negam, à face das tarefas que a previdência organiza, não se peja de evocar direitos imaginários, condenando, sem análise, tudo quanto se lhe expõe ao discernimento. Desatendida nos caprichos particulares com que se aproxima dos setores de luta que desconhece, mastiga a maledicência ou gargalha o sarcasmo, lançando lodo e veneno sobre nomes e circunstâncias que demandam respeito. Se alguém formula ponderações, buscando-lhe o ânimo à sensatez, grita, desesperada, contra tudo o que não seja adoração a si mesma, na falsa estimativa dos minguados valores que carrega no fardo de ignorância e bazófia.

E, então, a pessoa, invigilante e infeliz, assim transformada em temível fantasma de incompreensão e de intransigência, enrodilha-se na própria sombra, como a tartaruga na carapaça, e, em lastimável isolamento de espírito, não sabe entender ou perdoar para ser também perdoada e entendida, enquistando-se na inconformação, que se lhe amplia no pensamento e na atitude, na palavra e nos atos, tiranizando-lhe a vida, como a enfermidade letal que se agiganta no corpo pela multiplicação indiscriminada de perigosos bacilos.

Atingido esse estado de alma, não adota outro rumo que não seja o da crueldade com que, muitas vezes, se arroja ao despenhadeiro da delinquência, associando-se a todos aqueles que se lhe afinam com as vibrações deprimentes, em largas simbioses de desumanidade e loucura, formando o pavoroso inferno do crime.

. . . .

Irmãos, precatai-vos contra semelhante perseguidor, vestindo o coração na túnica da humildade, que tudo compreende e a todos serve, sem cogitar de si mesma, porque esse estranho carrasco, que nos alenta o egoísmo, em toda parte chama-se orgulho.

21
Obterás

Reunião pública de 23-3-1959
Questão n° 660

Obterás o que pedes. Não olvides, contudo, que a vida nos responde aos requerimentos, conforme a nossa conduta na petição.

Sedento, se buscas a água do poço, vasculhando-lhe o fundo, recolherás tão somente nauseante caldo do lodo.

Faminto, se atiras lama ao vaso que te alimenta, engolirás substância corrupta.

Cansado, se procuras o leito, comunicando-lhe fogo à estrutura, deitar-te-ás numa enxerga de cinzas.

Doente, se injurias a medicação que se te aconselha, alterando-lhe as doses, prejudicarás o próprio organismo.

Isso acontece porque a fonte, encravada no solo, é constrangida a guardar os detritos com que lhe poluem o seio; o prato é forçado a reter os resíduos que se lhe imponham à face; o colchão é impelido a desintegrar-se ao calor do incêndio, e o remédio, aplicado com desrespeito, pode exercer ação contrária a seus fins.

Ocorre o mesmo, em plena analogia de circunstâncias, na esfera ilimitada do Espírito.

Desesperado ou infeliz, desanimado ou descrente, não te valhas do irmão que te socorres, tentando convertê-lo em cobaia para teus caprichos, porque toda alma é um espelho para outra alma, e teremos nos outros o reflexo de nós mesmos.

Sombra projetada significa sombra de volta.

Negação cultivada pressagia a colheita de negação.

Se aspiras a desembaraçar-te das trevas, não desajustes a tomada humilde, capaz de trazer-te a força da usina.

Oferece-lhe meios simples para o trabalho certo e a luz se fará correta na lâmpada.

Clareia para que te clareiem. Auxilia para que te auxiliem.

Estuda, servindo, para que o cérebro hipertrofiado não te resseque o coração distraído.

Indaga, edificando, para que a inércia te não confunda.

Fortaleçamos o bem para que o bem nos encoraje.

Compreendamos a luta do próximo, a fim de que o próximo nos entenda igualmente a luta.

Lembra-te, pois, da eficácia da prece e ora, fazendo o melhor, para que o melhor se te faça, sem te esqueceres jamais de que toda rogativa alcança resposta segundo o nosso justo merecimento.

22
Ante falsos profetas

Reunião pública de 30-3-1959
Questão nº 624

Acautela-te em atribuir aos falsos profetas o fracasso de teus empreendimentos morais.

Recorda que todos somos tentados, segundo a espécie de nossas imperfeições.

Não despertarás a fome do peixe com uma isca de ouro, nem atrairás a atenção do cavalo com um prato de pérolas, mas, sim, ofertando-lhes à percepção leve bocado sangrento ou alguma concha de milho.

Desse modo, igualmente, todos somos induzidos ao erro na pauta de nossa própria estultícia.

Dominados de orgulho, cremos naqueles que nos incitam à vaidade e, sedentos de posse, assimilamos as sugestões infelizes de quantos se proponham a explorar-nos a insensatez e a cobiça.

É preciso lembrar que todos somos, no traje físico ou dele desenfaixados, Espíritos a caminho, buscando na luta e na experiência os fatores da evolução que nos é necessária, e que, por isso mesmo, se já somos aprendizes do Cristo, temos a obrigação de buscar-lhe o exemplo, parâmetro ideal de nossa conduta.

Não vale, assim, alegar confiança na palavra de quantos nos sustentem a fantasia, com respeito a fictícios valores de que sejamos depositários, no pressuposto de que venham até nós na condição de desencarnados; pois que a morte do corpo é, no fundo, simples mudança de vestimenta, sem afetar, na maioria das circunstâncias, a nossa formação espiritual.

"Não creias, desse modo, em todo Espírito" — diz-nos o Apóstolo —, porquanto semelhante atitude envolveria a crença cega em nossos próprios enganos com a exaltação de reiterados caprichos.

O ouvido que escuta é irmão da boca que fala.

Ilusão admitida é nossa própria ilusão.

Apetite insuflado é apetite que acalentamos.

Mentira acreditada é a própria mentira em nós.

Crueldade aceita é crueldade que nos pertence.

De alguma sorte, somos também a força com a qual entramos em sintonia.

Procuremos, pois, o Mestre dos mestres como sendo a luz de nosso caminho. E cotejando, com as lições dele, avisos e informes, mensagens e advertências que nos sejam endereçados, desse ou daquele setor de esclarecimento, aprenderemos, sem sombra, que a humildade e o serviço são nossos deveres de cada hora, para que a verdade nos ilumine e para que o amor puro nos regenere, preservando-nos, por fim, do assédio de todo mal.

23
Sofrimento e eutanásia

Reunião pública de 3-4-1959
Questão nº 944

Quando te encontres diante de alguém que a morte parece nimbar de sombra, recorda que a vida prossegue, além da grande renovação...
Não te creias autorizado a desferir o golpe supremo naqueles que a agonia emudece a pretexto de consolação e de amor, porque, muita vez, por trás dos olhos baços e das mãos desfalecentes que parecem deitar o último adeus, apenas repontam avisos e advertências para que o erro seja sustado ou para que a senda se reajuste amanhã.
Ante o catre da enfermidade mais insidiosa e mais dura, brilha o socorro da infinita Bondade, facilitando, a quem deve, a conquista da quitação.
Por isso mesmo, nas próprias moléstias reconhecidamente obscuras para a diagnose terrestre, fulgem lições cujo

termo é preciso esperar, a fim de que o homem lhes não perca a essência divina.

E tal acontece, porque o corpo carnal, mesmo o mais mutilado e disforme, em todas as circunstâncias, é o sublime instrumento em que a alma é chamada a acender a flama de evolução.

É por esse motivo que no mundo encontramos, a cada passo, trajes físicos em figurino moral diverso.

Corpos — santuários...
Corpos — oficinas...
Corpos — bênçãos...
Corpos — esconderijos...
Corpos — flagelos...
Corpos — ambulâncias...
Corpos — cárceres...
Corpos — expiações...

Em todos eles, contudo, palpita a concessão do Senhor, induzindo-nos ao pagamento de velhas dívidas que a eterna Justiça ainda não apagou.

Não desrespeites, assim, quem se imobiliza na cruz horizontal da doença prolongada e difícil, administrando-lhe o veneno da morte suave, porquanto, provavelmente, conhecerás também mais tarde o proveitoso decúbito indispensável à grande meditação.

E usando bondade para os que atravessam semelhantes experiências, para que te não falte a bondade alheia no dia de tua experiência maior, lembra-te de que, valorizando a existência na Terra, o próprio Cristo arrancou Lázaro às trevas do sepulcro, para que o amigo dileto conseguisse dispor de mais tempo para completar o tempo necessário à própria sublimação.

24
Reencarnação

Reunião pública de 6-4-1959
Questão nº 617

Reencarnação nem sempre é sucesso expiatório, como nem toda luta no campo físico expressa punição.

Suor na oficina é acesso à competência.

Esforço na escola é aquisição de cultura.

Porque alguém se consagre hoje à Medicina, não quer isso dizer que haja ontem semeado moléstias e sofrimentos.

Muitas vezes, o Espírito, para senhorear o domínio das ciências que tratam do corpo, voluntariamente lhes busca o trato difícil no rumo de mais elevada ascensão.

Porque um homem se dedique presentemente às atividades da Engenharia, não exprime semelhante escolha essa ou aquela dívida do passado na destruição dos recursos da Terra.

Em muitas ocasiões, o Espírito elege esse gênero de trabalho, tentando crescer no conhecimento das leis que regem o plano material em marcha para mais altos postos na vida superior.

Entretanto, se o médico ou o engenheiro sofrem golpes mortais no exercício da profissão a que se devotam, decerto nela encontram serviço reparador que é preciso atender na pauta das corrigendas necessárias e justas.

Toda restauração exige dificuldades equivalentes.

Todo valor evolutivo reclama serviço próprio.

Nada existe sem preço.

Por esse motivo, se as paixões gritam jungidas aos flagelos que lhes extinguem a sombra, as tarefas sublimes fulgem ligadas às renunciações que lhes acendem a luz.

À vista disso, não te habitues a medir as dores alheias pelo critério de expiação, porque, quase sempre, almas heroicas que suportam o fogo constante das grandes dores morais, no sacrifício do lar ou nas lutas do povo, apenas obedecem aos impulsos do bem excelso, a fim de que a negação do homem seja bafejada pela esperança de Deus.

Recorda que, se fosses arrebatado ao Céu, não tolerarias o gozo estanque, sabendo que os teus filhos se agitam no torvelinho infernal. De imediato, solicitarias a descida aos tormentos da treva para ajudá-los na travessia da angústia...

Lembra-te disso e compreenderás, por fim, a grandeza do Cristo, que, sem débito algum, condicionou-se às nossas deficiências, aceitando, para ajudar-nos, a cruz dos ladrões, para que todos consigamos, na glória de seu amor, soerguer-nos da morte no erro à bênção da Vida Eterna.

25
Muito e pouco

Reunião pública de 10-4-1959
Questão nº 716

É na bênção do "pouco" que rasgas, de imediato, a senda ideal para o sol da alegria.

Enquanto o "muito" é constrangido a sopesar responsabilidades maiores, no campo dos compromissos que envolvem o bem geral, podes, com o fruto do teu trabalho, semear a divina felicidade que nasce do coração.

Dentro do "pouco" que te limita a existência, atenderás, desse modo, às necessidades que, hoje, aparentemente sem expressão, quais sementes desvaliosas, serão, de futuro, verdadeiras messes de talentos celestiais.

É assim que solucionarás modestas despesas de conteúdo sublime, quais sejam:

O copo de leite para a criança necessitada...

A sopa eventual para os que passam sem rumo...
O remédio para o doente esquecido...
O socorro fraterno às mães caídas em abandono...
O agasalho singelo aos hóspedes da calçada...
O prato adequado ao enfermo difícil...
O colchão que alivie o paralítico em sombra...
A lembrança espontânea que ampara o menino triste...
O concurso silencioso, conquanto humilde, em favor do amigo hospitalizado...
O serviço discreto às casas beneficentes...
O livro renovador ao companheiro em desânimo...
A gentileza para com o vizinho enjaulado na provação...
A cooperação indiscriminada a esse ou àquele setor de luta...

Não esperes, portanto, que a vida te imponha uma cruz de ouro para ajudar e servir.

Lembra-te de que os chamados ricos, por se encarcerarem nas algemas do "muito", nem sempre podem auxiliar, sem delongas, presas que são de suspeitas atrozes, na defensiva dos patrimônios que foram chamados a manobrar, na extensão do progresso...

Ora por eles, em vez de reprochar-lhes a hesitação e a conduta, porquanto, se tens amor, sairás de ti mesmo com o "pouco" abençoado que o Senhor te confia e, de pronto, obedecerás ao próprio Senhor, espalhando, em seu nome, a força da paz e o benefício da luz.

26
Na Terra e no Além

Reunião pública de 13-4-1959
Questão nº 807

Interessado em desfrutar vantagens transitórias no imediatismo da existência terrestre, quase sempre o homem aspira à galhardia de apresentação e a porte distinto, elegância e domínio no quadro social em que se expressa; entretanto, conduzido à esfera superior pela influência renovadora da morte, identifica as próprias deficiências, na tela dos compromissos inconfessáveis a que se junge, e implora da Providência divina determinados favores na reencarnação, que envolvem, de perto, o suspirado aprimoramento para a Vida Maior.

É assim que cientistas famosos, a emergirem da crueldade, rogam encarceramento na idiotia; políticos hábeis, que abusaram das coletividades a que deviam proteção e defesa, suplicam inibições cerebrais que os recolham a precioso ostracismo; administradores dos bens públicos que não hesitaram em esvaziar os cofres do povo em favor da economia particular solicitam raciocínio obtuso que lhes entrave a sagacidade para o furto aparentemente legal; criminosos que brandiram armas contra os semelhantes requisitam braços mutilados, assinando aflitivas sentenças contra si mesmos; suicidas que menosprezaram as concessões do Senhor, atendendo a deploráveis caprichos, recorrem a organismos quebrados ou violentados no berço, para repararem as faltas cometidas contra si mesmos; tribunos da desordem pedem os embaraços da gaguez; artistas que se aviltaram, arrastando emoções alheias às monstruosidades da sombra, invocam a internação na cegueira física; caluniadores eminentes, que não vacilaram no insulto ao próximo, requerem o martírio silencioso dos surdos; desportistas eméritos e bailarinos de prol, que envileceram os dons recebidos da Natureza, exoram nervos doentes e glândulas deficitárias que os segreguem à distância de novas quedas morais; traidores que expuseram corações respeitáveis no pelourinho da injúria demandam a própria detenção no catre dos paralíticos; mulheres que desertaram da excelsa missão feminina a se prostituírem na preguiça e na delinquência solicitam moléstias ocultas que lhes impeçam a expansão do sentimento enfermiço, e expoentes da beleza e da graça que corromperam a perfeição corpórea, convertendo-a em motivo para transgressões lamentáveis, requestam longos estágios em quadros penfigosos que lhes desfigurem a forma, de modo a expiarem nas chagas da presença inquietante as culpas ominosas que lhes agoniam os pensamentos...

. . . .

Ajudai-vos, assim, buscando no auxílio constante aos outros o pagamento facilitado das dívidas do pretérito, porquanto, amanhã, sereis na Espiritualidade as consciências que hoje somos, abertas à fiscalização da verdade, com a obrigação de conhecer em nós mesmos a ulceração da treva e a carência da luz.

27
Palavra aos espíritas

Reunião pública de 17-4-1959
Questão nº 798

    Espiritismo revivendo o Cristianismo — eis a nossa responsabilidade.
    Como outrora Jesus revelou a Verdade em amor, no seio das religiões bárbaras de dois mil anos, usando a própria vida como espelho do ensinamento de que se fizera veículo, cabe agora ao Espiritismo confirmar-lhe o ministério divino, transfigurando-lhe as lições em serviço de aprimoramento da Humanidade.
    Espíritas!
    Lembremo-nos de que templos numerosos, há muitos séculos, falam dele, efetuando porfiosa corrida ao poder humano, olvidando-lhe a abnegação e a humildade.

E porque não puderam acomodar-se aos imperativos do Evangelho, fascinados que se achavam pela posse da autoridade e do ouro, erigiram pedestais de intolerância para si mesmos.

Todavia, a intolerância é a matriz do fratricídio, e o fratricídio é a guerra de conquista em ação. E a lei da guerra de conquista é o império da rapina e do assalto, da insolência e do ódio, da violência e da crueldade, proscrevendo a honra e aniquilando a cultura, remunerando a astúcia e laureando o crime, acendendo fogueiras e semeando ruínas em rajadas de sangue e destruição.

Somos, assim, chamados à tarefa da restauração e da paz, sem que essa restauração signifique retorno aos mesmos erros e sem que essa paz traduza a inércia dos pântanos.

É imprescindível estudar educando e trabalhar construindo.

Não vos afasteis do Cristo de Deus, sob pena de converterdes o fenômeno em fator de vossa própria servidão às cidadelas da sombra, nem algemeis os punhos mentais ao cientificismo pretensioso.

Mantende o cérebro e o coração em sincronia de movimentos, mas não vos esqueçais de que o divino Mestre superou a aridez do raciocínio com a água viva do sentimento, a fim de que o mundo moral do homem não se transforme em pavoroso deserto.

Aprendamos do Cristo a mansidão vigilante.

Herdemos do Cristo a esperança operosa.

Imitemos do Cristo a caridade intemerata.

Tenhamos do Cristo o exemplo resoluto.

Saibamos preservar e defender a pureza e a simplicidade de nossos princípios.

Não basta a fé para vencer. É preciso que a fidelidade aos compromissos assumidos se nos instale por chama inextinguível na própria alma.

Nem conflitos estéreis.

Nem fanatismo dogmático.
Nem tronos de ouro.
Nem exotismos.
Nem perturbação fantasiada de grandeza intelectual.
Nem bajulação às conveniências do mundo.
Nem mensagens de terror.
Nem vaticínios mirabolantes.

Acima de tudo, cultuemos as bases codificadas por Allan Kardec, sob a chancela do Senhor, assinalando-nos as vidas renovadas, no rumo do Bem eterno.

O Espiritismo, desdobrando o Cristianismo, é claro como o Sol.

Não nos percamos em labirintos desnecessários, porquanto ao espírita não se permite a expectação da miopia mental.

Sigamos, pois, à frente, destemerosos e otimistas, seguros no dever e leais à própria consciência, na certeza de que o nome de nosso Senhor Jesus Cristo está empenhado em nossas mãos.

28
Desce elevando

Reunião pública de 20-4-1959
Questão nº 1.018

Desce, elevando aqueles que te comungam a convivência, para que a vida em torno suba igualmente de nível.
Se sabes, não firas o ignorante. Oferece-lhe apoio para que se liberte da sombra.
Se podes, não oprimas o fraco. Ajuda-o, de alguma sorte, a fortalecer-se, para que se faça mais útil.
Se entesouraste a virtude, não humilhes o companheiro que o vício ensandece. Estende-lhe a bênção do amor como adequada medicação.
Se te sentes correto, não censures o irmão transviado em desajustes do Espírito. Dá-lhe o braço fraterno para que se renove.
Se ajudas, não recrimines quem te recebe o socorro. Pão amaldiçoado é veneno na boca.

Se ensinas, não flageles quem te recebe a lição. Benefício com açoite é mel em taça candente.

Auxilia em silêncio para que o teu amparo não se converta em tributo espinhoso na sensibilidade daqueles que te recolhem a dádiva, porque toda caridade a exibir-se no palanque das conveniências do mundo é sempre vaidade em forma de serpe no coração, e toda modéstia que pede o apreço dos outros, para exprimir-se, é sempre orgulho em forma de lodo nos escaninhos da alma.

Nesse sentido, não te esqueças do Mestre, que desceu até nós, revelando-nos como sublimar a existência.

Anjo entre os anjos, faz-se pobre criança necessitada do arrimo de singelos pastores; sábio entre os sábios, transforma-se em amigo anônimo de pescadores humildes, comungando-lhes a linguagem; instrutor entre os instrutores, detém-se, bondoso, entre enfermos e aflitos, crianças e mendigos abandonados, para abraçar-lhes a luta, e juiz dos juízes, não se revolta por sofrer no tumulto da praça o iníquo julgamento do povo que o prefere a Barrabás para os tormentos imerecidos.

Todavia, por descer, elevando quantos lhe não podiam compreender a refulgência da altura, é que se fez o caminho de nossa ascensão espiritual, a verdade de nosso gradativo aprimoramento e a vida de nossas vidas, a erguer-nos a alma entenebrecida no erro para a vitória da luz.

29
Versão prática

Reunião pública de 24-4-1959
Questão nº 627

Reconhecendo, embora, a alusão de Jesus aos povos de seu tempo, quando traçou a parábola do festim das bodas, recordemos o caráter funcional do Evangelho e busquemos a versão prática da lição para os nossos dias.

Compreendendo-se que todos os recursos da vida são pertences de Deus, anotaremos o divino convite à lavoura do bem em cada lance de nossa marcha.

Os apelos do Céu, em forma de concessões, para que os homens se ergam à Lei do Amor, voam na Terra em todas as latitudes. Todavia, raros registram-lhes a presença.

Há quem recebe o dote da cultura, bandeando-se para as fileiras da vaidade; quem recolhe a moidomia do ouro, descendo para os antros da usura; quem senhoreia o tesouro da fé, preferindo ajustar-se ao comodismo da dúvida malfazeja; quem exibe o talento da autoridade, isolando-se na fortificação da injustiça; quem dispõe da riqueza das horas, mantendo-se no desvão da ociosidade, e quem frui o dom de ajudar, imobilizando-se no palanque da crítica.

Quase todos os detentores dos privilégios sublimes lhes conspurcam a pureza.

Contudo, quando mais se acreditam indenes de responsabilidade e trabalho, eis que surge o sofrimento por mensageiro mais justo, convocando bons e menos bons, felizes e infelizes, credores e devedores, vítimas e verdugos ao serviço da perfeição, e, sacudidos nos refolhos do próprio ser, os pobres retardatários anseiam libertar-se do egoísmo e da sombra, consagrando-se, enfim, à obra do bem de todos, em cuja exaltação é possível reter a celeste alegria.

Entretanto, ainda aí, repontam, desditosos, Espíritos rebeldes, agressivos e ingratos.

Para eles, porém, a vida, nessa fase, reserva tão somente a cessação do ensejo de avanço e reajuste, porquanto, jugulados pela própria loucura, são forçados na treva a esperar que o futuro lhes oferte ao caminho o tempo expiatório em cárceres de dor.

. . . .

Desse modo, se a luta vos concita a servir para o Reino de Deus com a aflição presidindo os vossos novos passos, tende na paciência a companheira firme, a fim de que a humildade, por excelsa coroa, vos guarde o coração na beleza e na alvura da caridade em Cristo, que vos fará vestir a túnica da paz no banquete da luz.

30
Orientação espírita

Reunião pública de 27-4-1959
Questão nº 802

Declaras-te necessitado de orientação para que te faças melhor ante o Cristo de Deus; todavia, o Espiritismo, em nos revelando a Vida Maior, expõe claramente a essência e o plano de nossas obrigações.

Todos somos férteis em petições ao Senhor, invocando-lhe auxílio, esquecendo-nos, contudo, de que no campo das necessidades humanas clama o Senhor igualmente por nossos braços.

Não peças, assim, a outrem para que te empreste os ouvidos.

Ouçamos o apelo da esfera superior, que nos pede melhoria para que o mundo melhore.

Do degrau de conhecimento a que te elevas, descortinarás o vale imenso em que se movem nossos irmãos nos labirintos da experiência.

Muitos enlouqueceram de dor sobre o ataúde de um coração, em troca do qual dariam a própria vida, outros jazem parafusados em catres de sofrimento. Multidões deles mascaram-se de alegria, despedaçados intimamente por lâminas de aflição e remorso, e outros muitos se alistam, a serviço das trevas, arrastando-se, espantados, na lama taciturna do crime...

Contempla as estradas que se entrecruzam na sombra. Há quem agoniza no desespero, quem se afoga no vício, quem cambaleia de angústia, quem se requeima, sem perceber, no fogo da ambição desmedida, quem transfigura a oração em blasfêmia e quem mitiga a sede nas próprias lágrimas.

Desce do pedestal em que te levantas e estende-lhes mãos amigas.

Quem sabe?

É possível que semelhantes companheiros de luta estejam contigo, entre as paredes da própria casa.

Envolvidos no nevoeiro da ilusão e da ignorância, rogam-te socorro na cartilha do exemplo, para que se libertem do desajuste a que se escravizam.

Não te queixes, nem te revoltes.

Não censures, nem firas.

Ampara-os a todos, como e quanto puderes.

Não importa que pertençam a outros lares, outros credos, outras raças, outras bandeiras...

A caridade, filha de Deus, não tem ponto de vista.

Recorda que o Senhor, cada dia, te situa a presença no lugar certo, onde possas servir mais e melhor, no momento justo.

Desse modo, não solicites ao irmão do caminho que te trace roteiro às atividades, porque o próximo está vinculado a problemas que desconheces.

Lembra-te de que somos chamados a ajudar e sublimar hoje e sempre e de que, se estás anotado entre os homens pela feição que aparentas, perante a Verdade serás conhecido pelo que és.

Empenha-te, pois, em merecer a aprovação da tua consciência pelo bem que pratiques e pela justiça que faças, pela paz que entesoures e pela tarefa que realizes, porquanto, se te devotas ao serviço da perfeição em ti mesmo, perceberás, no que tange ao aprimoramento dos outros, que, seja onde for e com quem for, a bondade de Deus fará sempre o resto.

31
Veneno

Reunião pública de 4-5-1959
Questão n° 938

Corrosivo no coração, a surgir do conúbio entre a revolta e o desânimo, tisna o manancial da emotividade e sobe à cabeça em forma de nuvem. E, chegado ao cérebro, transfigura o pensamento em plasma sutil de lodo, conturbando a visão, que se envolve em clamoroso desequilíbrio.

A vítima, desse modo, não mais enxerga o bem que o Céu espalha em tudo, para ver simplesmente o mal que traz consigo, e imagina, apressada, espinheiros e pântanos onde há flores e bênçãos, mentalizando o crime onde brilha a virtude. Em funesto delírio, chega a lançar de si escárnio e vilipêndio à própria Natureza, que revela a bondade infinita de Deus.

Mas o agente sombrio não descansa nos olhos, porque invade os ouvidos, procurando a maldade nas palavras do amor, e descendo, letal, para a zona da língua, converte a boca em fossa de azedia e amargura, concitando os ouvintes do império da sombra, como se pretendesse escurecer o Sol e enlutar as estrelas.

Desde então, julga achar em toda criatura expoente do vício, aceitando a suspeita em lugar da esperança e exaltando a mentira, com que faz de si mesma um campo deplorável de aspereza e loucura.

Paralisando as mãos na preguiça insensata, acusa o mundo e a vida, sem doar-lhes a menor expressão de auxílio e entendimento.

E atingindo o apogeu da demência cruel, acalenta, infeliz, o desejo da morte, com a qual se precipita à cova do suicídio, para sofrer, depois, a expiação tremenda do insulto à Lei divina e da injúria a si mesma.

Guardai-vos, pois, assim, no clima luminoso do serviço constante, amando e perdoando, ajudando e aprendendo, porquanto esse veneno que corrói a alma humana, dela fazendo, enfim, triste charco de trevas, chama-se pessimismo.

32
O obreiro do Senhor

Reunião pública de 8-5-1959
Questão nº 897

Cada criatura mora espiritualmente na seara a que se afeiçoa.

É assim que, se o justo arrecada prêmios da retidão, o delinquente, em qualquer parte, recolhe os frutos do crime.

O obreiro do Senhor, por isso mesmo, onde surja, é conhecido por traços essenciais.

Não cogita do próprio interesse.
Não exige cooperação para fazer o bem.
Não cria problemas.
Não suspeita mal.
Não cobra tributos de gratidão.
Não arma ciladas.
Não converte o serviço em fardo insuportável nos ombros do companheiro.

Não transforma a verdade em lâmina de fogo no peito dos semelhantes.
Não reclama santidade nos outros, para ser útil.
Não fiscaliza o vintém que dá.
Não espia os erros do próximo.
Não promove o exame das consciências alheias.
Não se cansa de auxiliar.
Não faz greve por notar-se desatendido.
Não desconhece as suas fraquezas.
Não cultiva espinheiros de intolerância.
Não faz coleção de queixas.
Não perde tempo em lutas desnecessárias.
Não tem a boca untada com veneno.
Não sente cóleras sagradas.
Não ergue monumentos ao derrotismo.
Não se impacienta.
Não se exibe.
Não acusa.
Não critica.
Não se ensoberbece.

Entretanto, frequentemente aparece na seara divina quem condene os outros e iluda a si mesmo, supondo-se na posse de imaginária dominação.

O obreiro do Senhor, todavia, encarnado ou desencarnado, em qualquer senda de educação e em qualquer campo religioso, segue à frente, ajudando e compreendendo, perdoando e servindo, para cumprir-lhe, em tudo, a sacrossanta vontade.

33
Oração e provação

Reunião pública de 11-5-1959
Questão nº 663

A oração não suprime, de imediato, os quadros da provação, mas renova-nos o Espírito, a fim de que venhamos a sublimá-los ou removê-los.

Repara o caminho que a névoa amortalha, quando a noite escura te distancia do Sol.

Em cima, nuvens extensas furtam-te aos olhos o painel das estrelas e, embaixo, espinheiros e precipícios ameaçam-te os pés.

Debalde, consultarás a bússola que a treva densa embacia.

Se avanças, é possível que te arrojes na lama de covas escancaradas; se paras, é provável que padeças o assalto de traiçoeiros animais...

Faze, porém, pequenina luz, e tudo se modifica.

O charco não perde a feição de pântano, e a pedra mantém-se por desafio que te adverte na estrada; entretanto, podendo ver, surgirás, transformado e seguro, para seguir à frente, vencendo as armadilhas da sombra e as aperturas da marcha.

Assim, também, é a oração nos trilhos da experiência.

Quando a dor te entenebrece os horizontes da alma, subtraindo-te a serenidade e a alegria, tudo parece escuridão envolvente e derrota irremediável, induzindo-te ao desânimo e insuflando-te o desespero; todavia, se acendes no coração leve flama da prece, fios imponderáveis de confiança ligam-te o ser à Providência divina.

Exteriormente, em torno, o sofrimento não se desfaz da catadura sombria; a morte, ainda e sempre, é o véu de dolorosa separação; a prova é o mesmo teste inquietante e o golpe da expiação continua sendo a luta difícil e inevitável, mas estarás, em ti próprio, plenamente refeito, no imo das próprias forças, com a visão espiritual iluminada por dentro, a fim de que compreendas, acima das tuas dores, o plano sábio da vida, que te ergue dos labirintos do mundo à bênção do amor de Deus.

34
Responsabilidade e destino

Reunião pública de 15-5-1959
Questão nº 470

O Criador, que estabelece o bem de todos como lei para todas as criaturas, não cria Espírito algum para o exercício do mal. A criatura, porém, na Terra ou fora da Terra, segundo o princípio de responsabilidade, ao transviar-se do bem, gera o mal por fecundação passageira de ignorância que ela mesma, atendendo aos ditames da consciência, extirpará do próprio caminho em tantas existências de abençoada reparação quantas se fizerem indispensáveis.

Deus concede ao homem os agentes da nitroglicerina e da areia e inspira-lhe a formação da dinamite, por substância explosiva capaz de auxiliá-lo na construção de estradas e moradias, mas o artífice do progresso, quase sempre, abusa do privilégio para arrasar ou ferir, adquirindo dívidas clamorosas em sementeiras de ódio e destruição; empresta-lhe a morfina por alcaloide beneficente, a fim de acalmar-lhe a dor, entretanto, enfermo amparado, em muitas ocasiões escarnece do socorro divino, transformando-o em corrosivo entorpecente das próprias forças com que prejudica as funções de seu corpo espiritual em largas faixas de tempo; galardoa-o com o ferro, por elemento químico flexível e tenaz, de modo a ajudá-lo na indústria e na arte, todavia, o servo da experiência, em muitas circunstâncias, converte-o no instrumento da morte a desajustar-se em compromissos escusos que lhe reclamam agonia e suor em séculos numerosos; dá-lhe o ouro por metal nobre, suscetível de enriquecer-lhe o trabalho e desenvolver-lhe a cultura, mas o mordomo da posse nele talha, frequentemente, o grilhão de sovinice e miséria em que se amesquinha a si mesmo; e confere-lhe a onda radiofônica para os serviços da verdadeira fraternidade entre os povos, mas o orientador do intercâmbio, por vezes, nela transmite notas macabras em que promove o aniquilamento de populações indefesas, agravando-se em débitos aflitivos para o futuro.

É assim que o supremo Senhor nos cede os dons inefáveis da vida, como sejam as bênçãos do corpo e da alma e os tesouros do amor e da inteligência.

Do uso feliz ou infeliz de semelhantes talentos, resultam para nós vitória ou derrota, felicidade ou infortúnio, saúde ou moléstia, harmonia ou desequilíbrio, avanço ou retardamento nos caminhos da evolução.

Examina, pois, a ti mesmo e encontrarás a extensão e a natureza de tua dívida pela prova que te procura ou pela tentação que padeces, porque o bem verte, puro, de Deus, enquanto o mal é obra que nos pertence — transitório fantasma de rebeldia e ilusão que criamos, ante as leis do destino, por conta própria.

35
Mensageiros divinos

Reunião pública de 18-5-1959
Questão n° 501

Ser-nos-á sempre fácil discernir a presença dos mensageiros divinos ao nosso lado pela rota do bem a que nos induzam. Ainda mesmo que tragam consigo o fulgor solar da vida celeste, sabem acomodar-se ao nosso singelo degrau nas lides da evolução, ensinando-nos o caminho da esfera superior. E mesmo que se alteiem a culminâncias sublimes na ciência do Universo, ocultam a própria grandeza para guiar-nos no justo aproveitamento das possibilidades em nossas mãos.

Sem ferir-nos de leve, fazem luz em nossas almas, a fim de que vejamos as chagas de nossas deficiências, de modo a que venhamos saná-las na luta do esforço próprio.

Nunca se prevalecem da verdade para esmagar-nos em nossa condição de Espíritos devedores, usando-a simplesmente como remédio dosado para enfermos, para que nos ergamos ao nível da redenção, nem se valem da virtude que adquiriram para condenar as nossas fraquezas, empregando-a tão só na paciência incomensurável em nosso favor, de modo a que a tolerância nos não desampare à frente daqueles que sofrem dificuldades de entendimento maiores que as nossas.

Se nos encontram batidos e lacerados, jamais nos aconselham qualquer desforço ou lamentação, e sim nos ajudam a esquecer a crueldade e a violência com força bastante para não cairmos na posição de quem nos insulta ou injuria, e se nos surpreendem caluniados ou perseguidos, não nos inclinam à revolta ou ao desânimo, mas recompõem as nossas energias desconjuntadas, sustentando-nos na humildade e no serviço com que possamos reajustar o pensamento de quem nos apedreja ou difama.

Erigem-se na estrada por invisível apoio aos nossos desfalecimentos humanos e aclaram-nos a fé na travessia das dores que fizemos por merecer.

São rosas no espinheiral de nossas imperfeições, perfumando-nos a agressividade com o bálsamo da indulgência, e estrelas que brilham na noite de nossas faltas, acenando-nos com a confiança no esplendor da alvorada nova, para que não chafurdemos o coração no lodo espesso do crime.

E, sobretudo, diante de toda ofensa, levantam-nos a fronte para o Justo dos justos que expirou no madeiro, por resistir ao mal em suprema renúncia, entre a glória do amor e a bênção do perdão.

36
O homem inteligente

Reunião pública de 22-5-1959
Questão n° 592

Em verdade, o homem inteligente não é aquele que apenas calcula, mas sim o que transfunde o próprio raciocínio em emoção para compreender a vida e sublimá-la. Podendo senhorear as riquezas do mundo, abstém-se do excesso para viver com simplicidade, sem desrespeitar as necessidades alheias. Guardando o conhecimento superior, não se encastela no orgulho, mas aproxima-se do ignorante para auxiliá-lo a instruir-se. Dispondo de meios para fazer com que o próximo se lhe escravize ao interesse, trabalha espontaneamente pelo prazer de servir. E, entesourando virtudes inatacáveis, não se furta à convivência com as vítimas do mal, agindo, sem escárnio ou condenação, para libertá-las do vício. O homem inteligente, segundo o padrão de Jesus, é aquele que, sendo grande, sabe apequenar-se para ajudar aos que caminham em subnível, consagrando-se ao bem dos outros, para que os outros lhe partilhem a ascensão para Deus.

37
O Guia real

Reunião pública de 25-5-1959
Questão n° 625

Na procura de orientação para a conquista da felicidade suprema, com base na alegria santificante, lembra-te de que não podes encontrar a diretriz integral entre aqueles que te comungam a experiência terrestre.
Nem na tribuna dos grandes filósofos.
Nem no suor dos pioneiros da evolução.
Nem na retorta dos cientistas eméritos.
Nem no trabalho dos pesquisadores ilustres.
Nem na cátedra dos professores distintos.
Nem na veste dos sacerdotes abnegados.
Nem no bastão dos pastores experientes.
Nem no apelo dos porta-vozes de reivindicações coletivas.
Nem nas ordenações dos administradores mais dignos.

Nem nos decretos dos legisladores mais nobres.
Nem no verbo flamejante dos advogados do povo.
Nem na palavra dos juízes corretos.
Nem na pena dos escritores enobrecidos.
Nem na força dos condutores da multidão.
Nem no grito contagioso dos revolucionários sublimes.
Nem nas arcas dos filantropos generosos.
Nem na frase incisiva dos pregadores ardentes.
Nem na mensagem reconfortante dos benfeitores desencarnados.

Em todos, surpreenderás, em maior ou menor porção, defeito e virtude, fealdade e beleza, acertos e desacertos, sombras e luzes.

Cada um deles algo te ensina, beneficiando-te de algum modo; contudo, igualmente, caminham, vencendo com dificuldade a si mesmos... Cada um é credor de nossa gratidão e de nosso respeito pelo amor e pela cultura que espalha, mas no campo da Humanidade só existe um orientador completo e irrepreensível.

Tendo nascido na palha, para doar-nos a glória da vida simples, expirou numa cruz pelo bem de todos, a fim de mostrar-nos o trilho da eterna ressurreição.

Sendo Anjo, fez-se homem para ajudar e, sem cofres dourados, viveu para os outros, descerrando os tesouros do coração.

É por isso que Allan Kardec, desejando indicar-nos o Guia real da ascensão humana, formulou a pergunta 625, em *O Livro dos Espíritos*, indagando qual o Espírito mais perfeito que Deus concedeu ao mundo para servir de modelo aos homens, e os mensageiros divinos responderam, na síntese inolvidável: — Jesus —, como a dizer-nos que só Jesus é bastante grande e bastante puro para ser integralmente seguido na Terra, como sendo o nosso Mestre e Senhor.

38
Perseguidos

Reunião pública de 29-5-1959
Questão n° 781

Batido no ideal de bem fazer, desculpa e avança à frente.
Açoitado no coração, enxuga as lágrimas e segue adiante.
A indulgência é a vitória da vítima, e o olvido de todo mal é a resposta do justo.
Acúleos despontam no corpo da haste verde, mas a rosa, em silêncio, floresce, triunfante, por cima deles, enviando perfume ao céu.
Sombras da noite envolvem a paisagem terrestre na escuridão do nadir; todavia, o Sol, sem palavras, expulsa as trevas, cada manhã, recuperando-a para a alegria da luz.
Lembra-te dos perseguidos sem causa que se refugiaram na paz da consciência em todas as épocas.
Sócrates bebe a cicuta que lhe impõem à boca; entretanto, ergue-se à culminância da Filosofia.

Estêvão morre sob pedradas, abrindo caminho a três séculos de flagelação contra o Cristianismo nascente; contudo, faz-se o padrão do heroísmo e da resistência dos mártires que transformam o mundo.

Gutenberg é processado como devedor relapso, mas cria a imprensa, desfazendo o nevoeiro medieval.

Jan Hus é queimado vivo, mas imprime novos rumos à fé.

Colombo expira abandonado numa enxerga em Valladolid; no entanto, levanta-se, para sempre, na memória da América.

Galileu, preso e humilhado, desvenda ao homem nova contemplação do Universo.

Lutero, vilipendiado, ressuscita as letras do Evangelho.

Giordano Bruno, atravessando pavoroso suplício, traça mais altos rumos ao pensamento.

Lincoln tomba assassinado, mas extingue o cativeiro no clima de sua pátria.

Pasteur é ironizado pela maioria de seus contemporâneos; no entanto, renova os métodos da Ciência e converte-se em benfeitor de todos os povos.

E, ainda ontem, Gandhi cai sob golpe homicida, mas consagra o princípio de não violência.

Entre os perseguidores, contam-se os obsidiados, os intemperantes, os depravados, os infelizes, os caluniadores, os calculistas e os criminosos que descem pelas torrentes do remorso para a necessária refundição mental nos alambiques do tempo, mas, entre os perseguidos sem razão, enumeram-se quase todos aqueles que lançam nova luz sobre as rotas da vida.

É por isso que Jesus, o divino Governador da Terra, preferiu alinhar-se entre os escarnecidos e injuriados, aceitando a morte na cruz, de maneira a estender a glória do amor puro e a força do perdão, para que se aprimore a Humanidade inteira.

39
Amanhã

Reunião pública de 1º-6-1959
Questão nº 166

Muitas vezes por semana, repetimos a palavra "amanhã".
Costumamos dizer "amanhã" para o vizinho que nos pede cooperação e consolo.
Habitualmente, relegamos para amanhã toda tarefa espinhosa.
Sempre que surge a dificuldade, pedindo maior esforço, apelamos para amanhã.
Sem dúvida, o "amanhã" constitui luminosa esperança com a renovação do Sol no caminho, mas também representa o serviço que deixamos de realizar.
É da lei que a conta durma com o devedor, acordando com ele no dia seguinte.

No instituto da reencarnação, desse modo, transportamos conosco, seja onde for, as oportunidades do presente e os débitos do passado.

É assim que os ricos de hoje, enquistados na avareza e no egoísmo, voltarão amanhã no martírio obscuro dos pobres, para conhecerem, de perto, as garras do infortúnio e as duras lições da necessidade; e os pobres, envenenados de inveja e ódio, retornarão no conforto dos ricos, a fim de saberem quanto custam a tentação e a responsabilidade de possuir; titulados distintos do mundo, quais sejam os magistrados e os médicos, quando menosprezam as concessões com que o Senhor lhes galardoa o campo da inteligência, delas fazendo instrumento de escárnio às lutas do próximo, ressurgirão no banco dos réus e no leito dos nosocômios, de modo a experimentarem os problemas e as angústias do povo; filhos indiferentes e ingratos tornarão como servos apagados e humildes no lar que enlameiam, e pais insensatos e desumanos regressarão no tronco doméstico, recolhendo nos descendentes os frutos amargos da criminalidade e do vício que cultivaram com as próprias mãos; mulheres enobrecidas que fogem ao ministério familiar, provocando o aborto delituoso pela fome de prazer, reaparecerão enfermas e estéreis, tanto quanto homens válidos e robustos, que envilecem a vida no abuso das forças respeitáveis da natureza, ressurgirão na ribalta do mundo, carregando no próprio corpo o desequilíbrio e a moléstia que adquiriram, invigilantes.

Não te esqueças, portanto, de que o bem é o crédito infalível no livro da eternidade, e recorda que o "depois" será sempre a resultante do "agora".

Todo dia é tempo de renovar o destino.

Todo instante é recurso de começar o melhor.

Não deixes, assim, para amanhã o bem que possas fazer.

Faze-o hoje.

40
Servir a Deus

Reunião pública de 5-6-1959
Questão nº 673

Em nome do amor a Deus, acumulam-se, na Terra, tesouros e monumentos.

Centenas de santuários, sob a rubrica de cultos diversos, espalham-se em todos os continentes.

Pagodes e mesquitas, catedrais e basílicas, torres e capelas aparecem, majestosos, na Ásia e na África, na Europa e na América, pretendendo honorificar a Providência divina.

É assim que surgem, aqui e ali, casas de adoração com variada nomenclatura.

Templos-palácios.

Templos-estilos.

Templos-museus.

Templos-consagrações.

Templos-claustros.

Templos-troféus.

Os altares para os ofícios religiosos, que os hebreus da Antiguidade remota situavam em mesas de pedra, no alto dos montes, são hoje relicários suntuosos, faiscantes de pedraria.

E para o curso das orações, convertidas em cerimônias complexas, há todo um ritual de cores e perfume, reclamando vasos e paramentos que valem por vigorosas afirmações, nos domínios da posse material.

Longe de nós, porém, qualquer crítica destrutiva aos irmãos que adornam, assim, o campo da própria fé.

A intenção nobre e reta, seja onde for, é sempre digna e respeitável.

Contudo, em nos reportando à interpretação espírita, que exprime o pensamento cristão claro e simples, como honrar o Criador, relegando-lhe as criaturas aos desvãos da miséria e às sombras da enfermidade? Que dizer da estância, em que os filhos felizes, a pretexto de homenagear a munificência paterna, fingem desconhecer a presença dos próprios irmãos, mais fracos e mais humildes, extorquindo-lhes o direito da herança? Como glorificar o Todo-Compassivo, inscrevendo-lhe o nome bendito em tábuas de ouro e prata, junto daqueles que se cobrem de andrajos e soluçam de fome?

Lembremo-nos de Jesus, o expoente maior da maior lealdade ao Senhor supremo.

Anjo entre os anjos – desce ao mundo num leito rude de estrebaria.

Engenheiro de excelsas rotas – pisa a lama terrestre em louvor do bem.

Puro entre os puros – é a esperança dos pecadores.

Mensageiro da luz – toma a direção dos que se afligem nas trevas.

Magistrado incorruptível – de ninguém exigia certidão de pobreza a fim de ser útil.

Embaixador da harmonia sublime – é remédio aos doentes.

Detentor de conquistas eternas – vale-se de barcos emprestados para o ensino da Boa-Nova.

Justo dos justos – deixa-se crucificar entre malfeitores, para engrandecer, entre os homens, o poder do perdão e a força da humildade.

Cultiva, pois, tua fé, conforme os ditames do coração, mas não te esqueças de que, no fundo da consciência, ajudar com desinteresse e instruir sem afetação é a única maneira – a mais justa e a mais alta – de servirmos ao Nosso Pai.

41
O caminho da paz

Reunião pública de 8-6-1959
Questão nº 743

Dos grandes flagelos do mundo antigo, salientavam-se dez que rebaixavam a vida humana:
A barbárie, que perpetuava os desregramentos do instinto.
A fome, que atormentava o grupo tribal.
A peste, que dizimava populações.
O primitivismo, que irmanava o engenho do homem e a habilidade do castor.
A ignorância, que alentava as trevas do Espírito.
O insulamento, que favorecia as ilusões do feudalismo.
A ociosidade, que categorizava o trabalho à conta de humilhação e penitência.
O cativeiro, que vendia homens livres nos mercados da escravidão.

A imundície, que relegava a residência terrestre ao nível dos brutos.

A guerra, que suprime a paz e justifica a crueldade e o crime entre as criaturas.

* * *

Veio a política e, instituindo vários sistemas de governo, anulou a barbárie.

Apareceu o comércio e, multiplicando as vias de transporte, dissipou a fome.

Surgiu a Ciência, e exterminou a peste.

Eclodiu a indústria, e desfez o primitivismo.

Brilhou a imprensa, e proscreveu-se a ignorância.

Criaram-se o telégrafo sem fio e a navegação aérea, e acabou-se o insulamento.

Progrediram os princípios morais, e o trabalho fulgiu como estrela na dignidade humana desacreditando a ociosidade.

Cresceu a educação espiritual, e aboliu-se o cativeiro.

Agigantou-se a higiene, e removeu-se a imundície.

Mas nem a política, nem o comércio, nem a Ciência, nem a indústria, nem a imprensa, nem a aproximação entre os povos, nem a exaltação do trabalho, nem a evolução do direito individual e nem a higiene conseguem resolver o problema da paz, porquanto a guerra — monstro de mil faces que começa no egoísmo de cada um, que se corporifica na discórdia do lar, e se prolonga na intolerância da fé, na vaidade da inteligência e no orgulho das raças, alimentando-se de sangue e lágrimas, violência e desespero, ódio e rapina, tão cruel entre as nações supercivilizadas do século XX, quanto já o era na corte obscurantista de Ramsés II — somente desaparecerá quando o

Evangelho de Jesus iluminar o coração humano, fazendo que os habitantes da Terra se amem como irmãos.

É por isso que a Doutrina Espírita no-lo revela, atualmente, sob a luz da Verdade, fiel ao próprio Cristo, que nos advertiu, convincente: "Conhecereis a Verdade, e a Verdade vos fará livres".

42
Nós mesmos

Reunião pública de 12-6-1959
Questão nº 930

Que é preciso trabalhar na conquista honesta do pão, todos sabemos.
Obrigação para cada um, no edifício social, é problema pacífico.
Não ignoramos, porém, que muitos companheiros do caminho permanecem à margem, esquecidos na carência, mergulhados na provação, chafurdados na delinquência, agoniados no desespero e penitentes na enfermidade...
Quem são, no mundo, os chamados para lhes prestarem socorro, em nome do Cristo?
Dizes que são os administradores; contudo, os administradores, via de regra, jazem inquietos, criando verbas e leis.

Dizes que são os políticos; entretanto, frequentemente, os políticos andam apreensivos na arregimentação partidária, estudando interesses e decisões.

Dizes que são os cientistas; todavia, os cientistas quase sempre estão concentrados em suas pesquisas, multiplicando indagações e dúvidas infindáveis.

Dizes que são os filósofos; mas os filósofos, na maioria das vezes, respiram encarcerados em suas doutrinas, alentando tribunas e discussões.

Dizes que são os milionários; todavia, os milionários comumente sofrem responsabilidades sem conta, fiscalizando posses e haveres.

Dizes que são os comerciantes; contudo, os comerciantes, muitas vezes, caminham absorvidos em suas transações, conjugando assuntos de compra e venda.

Tão pejados de compromissos vivem na Terra os governantes e os legisladores, os matemáticos e os intelectuais, os abastados e os negociantes, que serão todos eles categorizados sempre à conta de filantropos e heróis, benfeitores e Apóstolos, toda vez que forem vistos nas faixas mais simples da caridade.

Lembra-te de Jesus, quando passou entre os homens cumprindo a Lei de Deus.

Em circunstância alguma formulou exigências e apelos aos titulados da Terra.

Em todos os lugares e em todos os serviços, irmanavam-se, Ele e o povo, na execução da solidariedade em nome do Amor divino.

Assim, pois, se lembramos Jesus com fidelidade, quem deve alimentar os famintos e agasalhar os nus, sossegar os aflitos e consolar os que choram, instruir os ignorantes e apoiar os desfalecentes, antes de qualquer cristão desmemoriado ou inibido, somos sempre nós mesmos.

43
Examinadores

Reunião pública de 15-6-1959
Questão n° 258

Observando a Terra, do ponto de vista espiritual, podemos compará-la à imensa escola, com vários cursos educativos.

O aluno inicia o aprendizado pelo número de matrícula.

O Espírito começa o grande estágio carnal pela certidão do berço.

O primeiro ingressa na classe que lhe compete.

O segundo é conduzido ao ambiente a que mais se ajusta.

Pequeninos, sorriem no jardim da infância, ensaiando ideias da vida.

Almas primitivas, na verdura da selva, adquirem noções de comportamento.

Há crianças, nas letras primárias, dominando o alfabeto.

Há irmãos, em lutas menores, penetrando os domínios da experiência.

Existem jovens, nos bancos da instrução intermediária, disputando conquistas mais altas.

Possuímos inúmeros companheiros em tarefa importante, marchando para mais elevados conhecimentos.

Contam-se, ainda, aqueles que se ergueram às instituições de ensino superior, buscando a especialização profissional ou científica, de modo a participarem da elite cultural, no progresso da Humanidade.

Vemos, igualmente, corações amadurecidos, a transitarem na universidade do sofrimento, procurando as aquisições de amor e sabedoria que lhes confiram acesso ao escol da sublimação, na espiritualidade vitoriosa.

Assim, pois, se te vês no círculo das grandes aflições ou dos grandes problemas, é que já ascendeste aos centros de adestramento maior para a assimilação de virtudes excelsas.

Recebe, desse modo, os parentes difíceis e os amigos complexos, os adversários gratuitos e os irmãos desafortunados, tanto quanto aqueles que te apedrejam e ferem, perseguem e caluniam, por examinadores constantes de teu aproveitamento nas ciências da alma, por instrutores na luta cotidiana... Cada um deles, hora a hora, te examina o grau de paciência e serviço, caridade e benevolência, perdão e fé viva, bom ânimo e entendimento.

E, lembrando-te de que o próprio Cristo sofreu ironia e espancamento entre eles, no dia da cruz, asserena-te na banca de provas em que te encontras, aprendendo a valorizar, em teu próprio favor, o poder da humildade e a força da compaixão.

44
Na grande barreira

Reunião pública de 19-6-1959
Questão nº 159

A crônica terrestre costuma anotar esse ou aquele acontecimento em torno da morte dos chamados "grandes do mundo". Carlos V, da Espanha, soberano de vasto império, termina os seus dias na penumbra do claustro, experimentando o féretro que lhe carrearia o corpo para o sepulcro, à feição de obsesso vulgar.

Elisabeth I, da Inglaterra, depois de manobrar largamente o poder, separa-se do trono, rogando, desesperada: "Senhor, Senhor, cedo todo o meu reino por um minuto a mais de vida!".

Molière tem os próprios restos sentenciados ao abandono.

Napoleão, o estrategista coroado imperador, plasmou com punhos de bronze o temor e a admiração em milhões de súditos, mas não soube guerrear o câncer que lhe exauriu a força vital na solidão de Santa Helena.

Comte, o fundador do Positivismo, superestimando o próprio valor, grita, desapontado, perante a fronteira de cinza: "Que perda irreparável!".

Mas assim como os reis e os conquistadores, os filósofos e os artistas se despedem da autoridade e da fama, legiões de criaturas, de todas as procedências e condições, deixam a Terra, todos os dias.

Despojadas dos empréstimos que lhes honorificavam a existência, ante a grande libertação guardam somente o resultado das próprias obras.

Nem posses, nem latifúndios...
Nem títulos, nem privilégios...
Nem armas, nem medalhas...
Nem pena que fira, nem tribuna que amaldiçoe...
Nem depósitos bancários, nem caderneta de cheques na mortalha sem bolso...
Imobilizam-se e dormem...

E acordam buscando os planos em que situaram os sentimentos, dando a impressão de estranha ornitologia, nas esferas do Espírito.

Almas nobres e heroicas renascem da letargia, quais pombos viandeiros, remontando à glória do firmamento.

Corações dedicados à virtude e à beleza recobram a atividade como andorinhas, sequiosas da primavera.

Preguiçosos despertam, copiando o insulamento das corujas que se aninham na escuridão.

Viciados e malfeitores diversos ressurgem, à maneira de abutres, espalhando entre os homens os germens da peste.

Faladores impenitentes reaparecem, de praça em praça, a repetirem solenemente conceitos que lhes vibravam na pregação sem obras, lembrando a gritaria inconsequente do bem-te-vi.

Homicidas e suicidas, semelhantes a marrecos desavisados, reabrem os olhos nos abismos serpentários a que se arrojam por gosto.

Não te esqueças, assim, de que terás também a boca hirta e as mãos enregeladas, na grande noite, e acende, desde agora, a luz do bem constante, na rota de teus dias, para que a sombra imensa te não furte ao olhar a visão das estrelas.

45
Esquecimento e reencarnação

Reunião pública de 22-6-1959
Questão nº 392

Examinando o esquecimento temporário do pretérito, no campo físico, importa considerar cada existência por estágio de serviço em que a alma readquire, no mundo, o aprendizado que lhe compete.

Surgindo semelhante período, entre o berço que lhe configura o início e o túmulo que lhe demarca a cessação, é justo aceitar-lhe o caráter acidental, não obstante se lhe reconheça a vinculação à vida eterna.

É forçoso, então, ponderar o impositivo de recurso e aproveitamento tanto quanto nas aplicações da força elétrica é preciso atender ao problema de carga e condução.

Encetando uma nova existência corpórea para determinado efeito, a criatura recebe, desse modo, implementos cerebrais completamente novos no domínio das energias físicas, e, para que se lhe adormeça a memória, funciona a hipnose natural como recurso básico, uma vez que, em muitas ocasiões, dorme em pesada letargia, muito tempo antes de acolher-se ao abrigo materno. Na melhor das hipóteses, quando desfruta grande atividade mental nas esferas superiores, só é compelida ao sono, relativamente profundo, enquanto perdure a vida fetal. Em ambos os casos, há prostração psíquica nos primeiros sete anos de tenra instrumentação fisiológica dos encarnados, tempo em que se lhes reaviva a experiência terrestre.

Temos, assim, mais ou menos três mil dias de sono induzido ou hipnose terapêutica a estabelecerem enormes alterações nos veículos de exteriorização do Espírito, as quais, acrescidas às consequências dos fenômenos naturais de restringimento do corpo espiritual, no refúgio uterino, motivam o entorpecimento das recordações do passado, para que se alivie a mente na direção de novas conquistas. E, como todo esse tempo é ocupado em prover-se a criança de novos conceitos e pensamentos acerca de si própria, é compreensível que toda criatura sobrenade na adolescência, como alguém que fosse longamente hipnotizado para fins edificantes, acordando, gradativamente, na situação transformada em que a vida lhe propõe a continuidade do serviço devido à regeneração ou à evolução clara e simples.

E isso, na essência, é o que verdadeiramente acontece, porque, pouco a pouco, o Espírito reencarnado retoma a herança de si mesmo, na estrutura psicológica do destino, reavendo o patrimônio das realizações e das dívidas que acumulou, a se lhe regravarem no ser, em forma de tendências inatas, e reencontrando as pessoas e as circunstâncias, as simpatias e as aversões, as vantagens e as dificuldades, com as quais se ache afinizado ou comprometido.

Transfigurou-se, então, a ribalta, mas a peça continua. A moldura social ou doméstica, muitas vezes, é diferente, mas, no quadro do trabalho e da luta, a consciência é a mesma, com a obrigação de aprimorar-se, ante a bênção de Deus, para a luz da imortalidade.

46
Trabalha servindo

Reunião pública de 26-6-1959
Questão nº 676

A cada momento, o Criador concede a todas as criaturas a bênção do trabalho, como serviço edificante, para que aprendam a criar o bem que lhes cria luminoso caminho para a glória na Criação.

Não permitas, portanto, que o repouso excessivo te anule a divina oportunidade.

Assim como o relaxamento é ferrugem na enxada a benefício do joio que te prejudica a seara, o tempo vazio é flagelo na alma em favor das energias perniciosas que devastam a vida.

Não há corrosivo da ociosidade que possa resistir aos antídotos da ação.

Não acredites, desse modo, no poder absoluto das circunstâncias adversas a se mostrarem constantes nos eventos da marcha.

Se a injúria te persegue, trabalha servindo, e o sarcasmo far-se-á reconhecimento.

Se a calúnia te apedreja, trabalha servindo, e a ofensa converter-se-á em louvor.

Se a mágoa te alanceia, trabalha servindo, e a dor erguer-se-á por utilidade.

Se o obstáculo te aborrece, trabalha servindo, e o embaraço surgirá por lição.

No trabalho, em que possas fazer o melhor para os outros, encontrarás a quitação do passado, as realizações do presente e os créditos do futuro. E é ainda por ele que conquistarás o respeito dos que te cercam, a riqueza da experiência, a láurea da cultura, o tesouro da simpatia, a solução para o tédio e o socorro a toda dificuldade.

Importa anotar, porém, que há trabalho nas faixas superiores e inferiores do mundo.

Movimento que aprisiona e atividade que liberta, atração para o abismo e impulso para o céu...

O egoísmo trabalha para si mesmo.
A vaidade trabalha para a ilusão.
A usura trabalha para o azinhavre.
O vício trabalha para o lodo.
A indisciplina trabalha para a desordem.
O pessimismo trabalha para o desânimo.
A rebeldia trabalha para a violência.
A cólera trabalha para a loucura.
A crueldade trabalha para a queda.
O crime trabalha para a morte.

Todas essas monstruosidades do campo moral representam fruto amargo e venenoso de audiências da alma com a inteligência das trevas no palácio deserto das horas perdidas.

Todavia, o trabalho dos que trabalham servindo chama-se humildade e benevolência, esperança e otimismo, perdão e desinteresse, bondade e tolerância, caridade e amor, e, somente por meio dele, o Espírito caminha na senda de ascensão, em harmonia com as Leis de Deus.

47
Contradição

Reunião pública de 29-6-1959
Questão nº 770

Muitos companheiros, a pretexto de se guardarem contra o mal, evitam contatos com esse ou aquele círculo de serviço, caindo frequentemente em males de maior monta.

E para isso, quase sempre, recorrem a negativas de várias espécies.

Dizem-se pecadores, mas fogem deliberadamente ao ensejo que lhes propicia a aquisição de virtude.

Afirmam-se devedores, quando, nesse aspecto, lhes cabe maior diligência na solução dos compromissos de que se oneram.

Declaram-se inúteis, ausentando-se dos quadros de trabalho em que poderiam mostrar os préstimos de que são mensageiros.

Asseveram-se imperfeitos, desertando da luta capaz de conferir-lhes mais amplo burilamento.

Escrevem longas confissões de remorso, sem ânimo de gastar ligeiros minutos na reparação dos erros em que se anunciam incursos.

Proclamam-se cansados, esquecendo-se de que, assim, exigem mais dura cooperação dos semelhantes, em diversas ocasiões, muito mais fatigados do que eles mesmos.

Intitulam-se doentes, reclamando o sacrifício dos outros.

Inculcam-se por vítimas do desencanto, veiculando o pessimismo com que esmagam as esperanças alheias.

Categorizam-se por neurastênicos angustiados, sem compaixão para com aqueles que lhes suportam a bile.

Acreditam-se perseguidos por Espíritos inferiores, sem jamais ofertar-lhes qualquer recurso de amor à renovação.

Lamentam-se. Colecionam queixumes. Exageram sintomas. Escusam-se e choram.

Ante a educação que ilumina e a caridade que levanta, imaginam-se ignorantes e fracos, malogrados e infelizes, muitas vezes mentalizando infortúnio e frustração, tédio e suicídio.

Transitam aqui e ali, entre a desconfiança e o desânimo, sentindo-se habitualmente desamparados e incompreendidos, destacando-se, onde surjam, à maneira de sensitivas ambulantes, temendo ciladas e tentações.

E encerram-se, por fim, na reclusão de si mesmos como se, insulados e inertes, estivessem conquistando altura moral. Contudo, nada mais conseguem que a fuga do dever a cumprir, porque, se, em verdade, procuram a apetecida libertação do mal, é imprescindível que entendam que a melhor maneira de extinguir-se o mal será fazermos para com todos e em toda parte a maior soma de bem.

48
Suicídio

Reunião pública de 3-7-1959
Questão nº 957

No suicídio intencional, sem as atenuantes da moléstia ou da ignorância, há que considerar não somente o problema da infração ante as Leis divinas, mas também o ato de violência que a criatura comete contra si mesma, pela premeditação mais profunda, com remorso mais amplo.

Atormentada de dor, a consciência desperta no nível de sombra a que se precipitou, suportando compulsoriamente as companhias que elegeu para si própria, pelo tempo indispensável à justa renovação.

Contudo, os resultados não se circunscrevem aos fenômenos de sofrimento íntimo, porque surgem os desequilíbrios consequentes nas sinergias do corpo espiritual, com impositivos de reajuste em existências próximas.

É assim que, após determinado tempo de reeducação, nos círculos de trabalho fronteiriços da Terra, os suicidas são habitualmente reinternados no plano carnal, em regime de hospitalização na cela física, que lhes reflete as penas e angústias na forma de enfermidades e inibições.

Ser-nos-á fácil, desse modo, identificá-los no berço em que repontam, entremostrando a expiação a que se acolhem.

Os que se envenenaram, conforme os tóxicos de que se valeram, renascem trazendo as afecções valvulares, os achaques do aparelho digestivo, as doenças do sangue e as disfunções endocrínicas, tanto quanto outros males de etiologia obscura; os que incendiaram a própria carne amargam as agruras da ictiose ou do pênfigo; os que se asfixiaram, seja no leito das águas seja nas correntes de gás, exibem os processos mórbidos das vias respiratórias, como no caso do enfisema ou dos cistos pulmonares; os que se enforcaram carreiam consigo os dolorosos distúrbios do sistema nervoso, como sejam as neoplasias diversas e a paralisia cerebral infantil; os que estilhaçaram o crânio ou deitaram a própria cabeça sob rodas destruidoras, experimentam desarmonias da mesma espécie, notadamente as que se relacionam com o cretinismo, e os que se atiraram de grande altura reaparecem portando os padecimentos da distrofia muscular progressiva ou da osteíte difusa.

Segundo o tipo de suicídio, direto ou indireto, surgem as distonias orgânicas derivadas que correspondem a diversas calamidades congênitas, inclusive a mutilação e o câncer, a surdez e a mudez, a cegueira e a loucura, a representarem terapêutica providencial na cura da alma.

Junto de semelhantes quadros de provação regenerativa, funciona a ciência médica por missionária da redenção, conseguindo ajudar e melhorar os enfermos de conformidade com os créditos morais que atingiram ou segundo o merecimento de que disponham.

Guarda, pois, a existência como dom inefável, porque teu corpo é sempre instrumento divino, para que nele aprendas a crescer para a luz e a viver para o amor, ante a glória de Deus.

49
O homem bom

Reunião pública de 6-7-1959
Questão nº 918

Conta-se que Jesus, após narrar a parábola do bom samaritano, foi novamente interpelado pelo doutor da lei, que, alegando não lhe haver compreendido integralmente a lição, perguntou, sutil:
— Mestre, que farei para ser considerado homem bom?
Evidenciando paciência admirável, o Senhor respondeu:
— Imagina-te vitimado por mudez que te iniba a manifestação do verbo escorreito e pensa quão grato te mostrarias ao companheiro que falasse por ti a palavra encarcerada na boca.
"Imagina-te de olhos mortos pela enfermidade irremediável e lembra a alegria da caminhada, ante as mãos que te estendessem ao passo incerto, garantindo-te a segurança.

"Imagina-te caído e desfalecente na via pública e preliba o teu consolo nos braços que te oferecessem amparo, sem qualquer desrespeito para com os teus sofrimentos.

"Imagina-te tocado por moléstia contagiosa e reflete no contentamento que te iluminaria o coração perante a visita do amigo que te fosse levar alguns minutos de solidariedade.

"Imagina-te no cárcere, padecendo a incompreensão do mundo, e recorda como te edificaria o gesto de coragem do irmão que te buscasse testemunhar entendimento.

"Imagina-te sem pão no lar, arrostando amargura e escassez, e raciocina sobre a felicidade que te apareceria de súbito no amparo daqueles que te levassem leve migalha de auxílio, sem perguntar por teu modo de crer e sem te exigir exames de consciência.

"Imagina-te em erro, sob o sarcasmo de muitos, e mentaliza o bálsamo com que te acalmarias diante da indulgência dos que te desculpassem a falta, alentando-te o recomeço.

"Imagina-te fatigado e intemperante e observa quão reconhecido ficarias para com todos os que te ofertassem a oração do silêncio e a frase de simpatia."

Em seguida ao intervalo espontâneo, indagou-lhe o divino Amigo:

— Em teu parecer, quais teriam sido os homens bons nessas circunstâncias?

— Os que usassem de compreensão e misericórdia para comigo — explicou o interlocutor.

— Então — repetiu Jesus com bondade —, segue adiante e faze também o mesmo.

50
Pena de morte

Reunião pública de 10-7-1959
Questão n° 760

Todos os fundadores das grandes instituições religiosas, que ainda hoje influenciam ativamente a comunidade humana, partiram da Terra com a segurança do trabalhador ao fim do dia.

Moisés, ancião, expira na eminência do Nebo, contemplando a Canaã prometida.

Sidarta, o iluminado construtor do Budismo, depois de abençoada peregrinação entre os homens, abandona o corpo físico num horto florido de Kusinagara.

Confúcio, o sábio que plasmou todo um sistema de princípios morais para a vida chinesa, encontra a morte num leito pacífico sob a vigilância de um neto afetuoso.

E, mais tarde, Maomé, o criador do Islamismo, que consentiu em ser adorado pelos discípulos na categoria de imortal, sucumbe em Medina, dentro de sólida madureza, atacado pela febre maligna.

Com Jesus, entretanto, a despedida é diferente.

O divino fundador do Cristianismo, que define a Religião Universal do Amor e da Sabedoria, em plena vitalidade juvenil, é detido pela perseguição gratuita e trancafiado no cárcere.

Ninguém lhe examina os antecedentes, nem lhe promove recursos à defensiva.

Negado pelos melhores amigos, encontra-se sozinho, entre juízes astuciosos, qual ovelha esquecida em meio de chacais.

Aliam-se o egoísmo e a crueldade para sentenciá-lo ao sacrifício supremo.

Herodes, patrono da ordem pública, chamado a pronunciar-se em seu caso, determina que se lhe dê o tratamento cabível aos histriões.

Pilatos, responsável pela justiça, abstém-se de conferir-lhe o direito natural.

E entregue à multidão amotinada na cegueira de espírito, é preferido a Barrabás, o malfeitor, para sofrer a condenação insólita.

Decerto, para induzir-nos à compaixão, aceitou Jesus padecer em silêncio os erros da justiça terrestre, alinhando-se, na cruz, entre os injuriados e as vítimas sem razão, de todos os tempos da Humanidade.

. . . .

Cristãos de todas as interpretações do Evangelho e de todos os quadrantes do mundo, atentos à exemplificação do Eterno Benfeitor, apartai o criminoso do crime, como aprendestes a separar o enfermo da enfermidade!

Educai o irmão transviado, quanto curais o companheiro doente!

Desterrai, em definitivo, a espada e o cutelo, o garrote e a forca, a guilhotina e o fuzil, a cadeira elétrica e a câmara de gás dos quadros de vossa penologia, e oremos, todos juntos, suplicando a Deus que nos inspire paciência e misericórdia, uns para com os outros, porque, ainda hoje, em todos os nossos julgamentos, será possível ouvir, no ádito da consciência, o aviso celestial do nosso divino Mestre, condenado à morte sem culpa: "Quem estiver sem pecado atire a primeira pedra!".

51
Felicidade e dever

Reunião pública de 13-7-1959
Questão nº 922

A procura da felicidade assemelha-se, no fundo, a uma caçada difícil.

Taxando-a por dom facilmente apresável, há quem a procure entre os mitos do ouro, enferrujando as mais belas faculdades da alma na fossa da usura; quem a dispute no prazer dos sentidos, acordando no catre da enfermidade; quem lhe suponha a presença na exaltação do poder terrestre, acolhendo-se à dor de extrema desilusão, e quem a busque na retenção do supérfluo, apodrecendo de tédio, em câmaras de preguiça.

Não há felicidade, contudo, sem dever corretamente cumprido.

Observa, pois, o dever de que a vida te incumbe.

Vê-lo-ás, hora a hora, no quadro das circunstâncias.

Na fé que te pede serviço.
No serviço que te roga compreensão.
No ideal que te pede caráter.
No caráter que te roga firmeza.
No exemplo que te pede disciplina.
Na disciplina que te roga humildade.
No lar que te pede renúncia.
Na renúncia que te roga perseverança.
No caminho que te pede cooperação.
Na cooperação que te roga discernimento.

Por mais agressivos se façam os empeços da marcha, não te desvies da obrigação que te recomenda o bem de todos, sempre que puderes e quanto puderes, seja onde for.

Porque te mostres leal a ti mesmo, é possível que a maioria te categorize à conta de ingrato e rebelde, fanático e louco.

A maioria, no entanto, nem sempre abraça o direito.

Não podemos esquecer que, no instante supremo da Humanidade, ela, a maioria, estava com Barrabás e contra o Cristo.

Cumpre, assim, teu dever, e, tomando da Terra somente o necessário à própria manutenção, de modo a que te não apropries da felicidade dos outros, estarás atingindo a verdadeira felicidade, que fulge sempre, como bênção de Deus, na consciência tranquila.

52
A mulher ante o Cristo

Reunião pública de 3-8-1959
Questão n° 817

Toda vez que nos disponhamos a considerar a mulher em plano inferior, lembremo-nos dela ao tempo de Jesus.

Há vinte séculos, com exceção das patrícias do Império, quase todas as companheiras do povo, na maioria das circunstâncias, sofriam extrema abjeção, convertidas em alimárias de carga, quando não fossem vendidas em hasta pública.

Tocadas, porém, pelo verbo renovador do divino Mestre, ninguém respondeu com tanta lealdade e veemência aos apelos celestiais.

Entre as que haviam descido aos vales da perturbação e da sombra, encontramos em Madalena o mais alto testemunho de soerguimento moral, das trevas para a luz; e entre as que se mantinham no monte do equilíbrio doméstico, surpreendemos em Joana de Cusa o mais nobre expoente de concurso e fidelidade.

Atraídas pelo amor puro, conduziam à presença do Senhor os aflitos e os mutilados, os doentes e as crianças. E, embora não lhe integrassem o círculo apostólico, foram elas — representadas nas filhas anônimas de Jerusalém — as únicas demonstrações de solidariedade espontânea que o visitaram, desassombradamente, sob a cruz do martírio, quando os próprios discípulos debandavam.

Mais tarde, junto aos continuadores da Boa-Nova, sustentaram-se no mesmo nível de elevação e de entendimento.

Dorcas, a costureira jopense, depois de amparada por Simão Pedro, fez-se mais ativa colaboradora da assistência aos infortunados. Febe é a mensageira da epístola de Paulo de Tarso aos romanos. Lídia, em Filipos, é a primeira mulher com suficiente coragem para transformar a própria casa em santuário do Evangelho nascituro. Loide e Eunice, parentas de Timóteo, eram padrões morais da fé viva.

Entretanto, ainda que semelhantes heroínas não tivessem de fato existido, não podemos olvidar que, um dia, buscando alguém no mundo para exercer a necessária tutela sobre a vida preciosa do Embaixador divino, o Supremo Poder do Universo não hesitou em recorrer à abnegada mulher, escondida num lar apagado e simples...

Humilde, ocultava a experiência dos sábios; frágil como o lírio, trazia consigo a resistência do diamante; pobre entre os pobres, carreava na própria virtude os tesouros incorruptíveis do coração, e, desvalida entre os homens, era grande e prestigiosa perante Deus.

Eis o motivo pelo qual, sempre que o raciocínio nos induza a ponderar quanto à glória do Cristo — recordando, na Terra, a grandeza de nossas próprias mães —, nós nos inclinaremos, reconhecidos e reverentes, ante a luz imarcescível da Estrela de Nazaré.

53
Sexo e amor

Reunião pública de 7-8-1959
Questão n° 201

Ignorar o sexo em nossa edificação espiritual seria ignorar-nos. Urge, no entanto, situá-lo a serviço do amor, sem que o amor se lhe subordine.

Imaginemo-los ambos, na esfera da personalidade, como o rio e o dique na largueza da terra.

O rio fecunda.
O dique controla.
O rio espalha forças.
O dique policia-lhes a expansão.
No rio, encontramos a Natureza.
No dique, surpreendemos a disciplina.

Se a corrente ameaça a estabilidade de construções dignas, comparece o dique para canalizá-la proveitosamente noutro nível. Contudo, se a corrente supera o dique, aparece a destruição toda vez que a massa líquida se dilate em volume.

Igualmente, o sexo é a energia criativa, mas o amor necessita estar junto dele, a funcionar por leme seguro.

Se a simpatia sexual prenuncia a dissolução de obras morais respeitáveis, é imprescindível que o amor lhe norteie os recursos para manifestações mais altas, porquanto, sempre que a atração genésica é mais poderosa que o amor, surgem as crises de longo curso, retardando o progresso e o aperfeiçoamento da alma, quando não lhe embargam os passos na loucura ou na frustração, na enfermidade ou no crime.

Tanto quanto o dique precisa erguer-se em defensiva constante no governo das águas, deve guardar-se o amor em permanente vigilância na frenação do impulso emotivo.

Fiscaliza, assim, teus próprios desejos.

Todo pensamento acalentado tende a expressar-se em ação.

Quase sempre, os que chegam ao além-túmulo sexualmente depravados, depois de longas perturbações, renascem no mundo, tolerando moléstias insidiosas, quando não se corporificam em desesperadora condição inversiva, amargando pesadas provas como consequências dos excessos delituosos a que se renderam.

À maneira de doentes difíceis, no leito de contenção, padecem inibições obscuras ou envergam sinais morfológicos em desacordo com as tendências masculinas ou femininas em que ainda estagiam no elevado tentame de obstar a própria queda em novos desmandos sentimentais.

Ama, pois, e ama sempre, porque o amor é a essência da própria vida, mas não cogites de ser amado.

Ama por filhos do coração aqueles de quem, por enquanto, não podes partilhar a convivência mais íntima, aprendendo o puro amor fraterno que Jesus nos legou.

Mas se a inquietação sexual te vergasta as horas, não te decidas a aceitar o conselho da irresponsabilidade que te inclina a partir levianamente "ao encontro de um homem" ou "ao encontro de uma mulher", muitas vezes, em perigoso agravo de teus problemas.

Antes de tudo, procura Deus na oração, segundo a fé que cultivas, e Deus, que criou o sexo em nós para engrandecimento da criação, na carne e no espírito, ensinar-nos-á como dirigi-lo.

54
Jovens

Reunião pública de 10-8-1959
Questão nº 218

No estudo das ideias inatas, pensemos nos jovens, que somam às tendências do passado as experiências recém-adquiridas.

Com exceção daqueles que renasceram submetidos à observação da patologia mental, todos vieram da estação infantil para o desempenho de nobre destino.

Entretanto, quantas ansiedades e quantas flagelações quase todos padecem antes de se firmarem no porto seguro do dever a cumprir!...

Ao mapa de orientação respeitável que trazem das esferas superiores a transparecer-lhes do sentimento na forma de entusiasmos e sonhos juvenis, misturam-se as deformações da realidade terrestre que neles espera a redenção do futuro.

Muitos saem da meninice moralmente mutilados pelas mãos mercenárias a que foram confiados no berço, e outros tantos acordam no labirinto dos exemplos lamentáveis, partidos daqueles mesmos de quem contavam colher as diretrizes do aprimoramento interior.

Muitos são arremessados aos problemas da orfandade, quando mais necessitavam de apoio amigo, junto de outros que transitam na Terra, à feição das aves de ninho desfeito, largados, sem rumo, à tempestade das paixões subalternas.

Alguns deles, revoltados contra o lodo que se lhes atira à esperança, descem aos mais sombrios volutabros do crime, enquanto outros muitos, fatigados de miséria, se refugiam em prostíbulos dourados para morrerem na condição de náufragos da noite.

Pede-se-lhes o porvir, e arruína-se-lhes o presente.

Engrinalda-se-lhes a forma, e perverte-se-lhes a consciência.

Ensina-se-lhes o verbo aprimorado em lavor acadêmico, e dá-se-lhes na intimidade a palavra degradada em baixo calão.

Ergue-se-lhes o ideal à beleza da virtude, e zomba-se deles toda vez que não se revelem por tipos acabados de animalidade inferior.

Fala-se-lhes de glorificação do caráter, e afoga-se-lhes a alma no delírio do álcool ou na frustração dos entorpecentes.

Administra-se-lhes abandono, e critica-se-lhes a conduta.

Não condenes a mocidade, sempre que a vejas dementada ou inconsequente.

Cada menino e moço no mundo é um plano da Sabedoria divina para serviço à Humanidade, e todo menino e moço transviado é um plano da Sabedoria divina que a Humanidade corrompeu ou deslustrou.

Recebamos os jovens de qualquer procedência por nossos próprios filhos, estimulando neles o amor ao trabalho e a iniciativa da educação.

Diante de todos os que começam a luta, a senha será sempre — "velar e compreender" —, a fim de que saibamos semear e construir, porque, em todos os tempos, onde a juventude é desamparada, a vida perece.

55
Sonâmbulos

Reunião pública de 14-8-1959
Questão nº 425

Sonâmbulos sublimes, temo-los no mundo honorificados no Cristianismo por terem testemunhado, valorosos, a evidência do plano espiritual.

E muitos dos mais eminentes sofrem os efeitos de suas atividades psíquicas na própria constituição fisiológica, tolerando, muitas vezes, os tremendos embates das forças superiores, que glorificam a luz, com as forças inferiores, que se enquistam nas trevas.

Paulo de Tarso, o Apóstolo intrépido, após o comentário de suas próprias visões fora do corpo denso, exclama na segunda carta aos coríntios: "E para que me não exaltasse pelas excelências recebidas, foi-me concedido um espinho na carne...".

Antão, o venerado eremita do vilarejo de Coma, no Egito, intensivamente assaltado por Espíritos obsessores e em estado cataléptico, é tido como morto, despertando, porém, entre aqueles que lhe velavam o suposto cadáver.

Francisco de Assis, o herói da humildade, ouve, prostrado de febre, em Spoleto, as vozes que lhe recomendam retorno à terra natal para o cumprimento de sua missão divina.

Antônio de Pádua, o admirável franciscano, por várias vezes entra em sono letárgico, afastando-se do corpo para misteres santificantes.

Teresa de Ávila, a insigne doutora da literatura religiosa na Espanha, permanece em regime de parada cardíaca por quatro dias consecutivos, acordando subitamente, entre círios acesos, quando já se lhe preparava conveniente sepulcro no convento da Encarnação.

Medianeiros excelsos foram todos eles pelas revelações que trouxeram do plano divino ao acanhado círculo humano.

Entretanto, fora do hagiológio conhecido, encontramos uma infinidade de sonâmbulos outros em todas as épocas.

Sonâmbulos de inteligência enobrecida e sonâmbulos enfermos na atividade mental.

Sabe-se que Maomé recebia mensagens do Além no intervalo de convulsões epileptoides.

Dante, apesar do monoideísmo político, registra impressões hauridas por ele mesmo fora dos sentidos normais.

Por meio de profundas crises letárgicas, Auguste Comte escreve a sua Filosofia Positiva.

Frederica Hauff, na Alemanha, em princípios do século XIX, doente e acamada, entra em contato com a esfera espiritual.

Guy de Maupassant, na França, vê-se obsidiado pelas entidades desencarnadas que lhe inspiram os contos notáveis, habitualmente grafados por ele em transe.

Van Gogh, torturado, pinta sob influências estranhas, padecendo acessos de loucura.

E além desses sensitivos, categorizados nas classes a que nos reportamos, surpreendemos atualmente os sonâmbulos do sarcasmo, que se valem de assunto tão grave, qual seja o sonambulismo magnético, para motivo de hilaridade, em diversões públicas, com evidente desrespeito à dignidade humana.

Todavia, igualmente hoje, com a bênção do Cristo, vemos a Ciência estudando a hipnose para aplicá-la no vasto mundo patológico em que lhe cabe operar, e a Doutrina Espírita a reviver o Evangelho, disciplinando e amparando os fenômenos da alma no campo complexo da mediunidade, de modo a orientar a consciência dos homens no caminho da nova Luz.

56
Ante o Além

Reunião pública de 17-8-1959
Questão nº 182

Há quem lamente a incapacidade dos amigos desencarnados para mais amplo concurso na solução dos enigmas que atormentam a vida moral na Terra. Estudiosos inúmeros desejariam que os chamados *mortos* se utilizassem dos sensitivos comuns, quais instrumentos mecânicos, para espetaculares eventos e reclamam deles a intervenção positiva no laboratório terrestre para a cura de moléstias dificilmente reversíveis; a revelação de fórmulas milagrosas na matemática das finanças; a descoberta de forças ocultas da Natureza e a materialização de estadistas ilustres, domiciliados no Além, para que, de manifesto, venham falar ao povo na praça pública.

Suponhamos, porém, que uma escola seja diariamente assaltada por teorias inoportunas, com desrespeito à autoridade do magistério, desconhecendo-se a necessidade particular da instrução em cada discípulo...

Imaginemos um tribunal, sistematicamente invadido por sugestões exóticas, que alarmem o ânimo da magistratura, ignorando-se o imperativo do exame especial de todos os processos alusivos à regeneração de cada delinquente em si mesmo...

Conjeturemos quanto à perturbação de um hospital, incessantemente acometido de indicações extemporâneas, que transcendam o quadro dos experimentos da Medicina, estranhando-se o impositivo do tratamento individual para cada enfermo...

Decerto que à produtividade sobreviria a frustração, tanto quanto à luz do serviço se oporia a sombra do caos.

É mais do que justo que nos empenhemos todos no amparo ao aprendiz, no auxílio ao encarcerado e no socorro ao doente, mas, além disso, ninguém espere que os companheiros desencarnados interfiram na atividade humana, favorecendo a inconsequência ou a desordem.

Quando os mensageiros da espiritualidade enobrecida recebem a permissão necessária para contribuir no progresso do globo, corporificam-se no berço, à feição dos homens vulgares, comungando-lhes as vicissitudes e as dores.

É assim que encontramos um Thomas Edison vendendo jornais para se manter, aos quinze anos de idade, atingindo a posição de um dos maiores gênios técnicos de todos os tempos e deixando nada menos de oitocentas invenções registradas, e um Louis Pasteur, filho pobre de um curtidor, que, sem ser médico, pode ser considerado o fundador da Microbiologia, apesar do trabalho valioso de seus predecessores.

Lembremo-nos do Cristo, o divino Mestre por excelência.

Ele que podia, como ninguém, influenciar ambientes e criaturas, surge entre os homens como qualquer criança necessitada de arrimo; vive, em sua época, ao modo de homem normal e, embora a luz e o amor lhe coroem a presença sublime, expira num lenho áspero, à maneira de qualquer condenado à morte, sem culpa.

Realmente, os Espíritos desencarnados não podem penetrar em assuntos que a Humanidade ainda não pode compreender; entretanto, guarda a convicção de que te trazem eles a notícia mais importante de todas — a verdade de que a vida prossegue, além do sepulcro, e de que todos nós, desencarnados e encarnados, seja onde for, receberemos sempre de acordo com as nossas obras.

57
Fenômeno mediúnico

Reunião pública de 21-8-1959
Questão nº 525

O fenômeno mediúnico é de todos os tempos, e ocioso seria mostrar, num estudo simples, o papel que lhe cabe na gênese de todos os caminhos religiosos.

Importa anotar, porém, que os povos primitivos, sentindo a influência dos desencarnados a lhes pesar no orçamento psíquico, promovem medidas com que supõem garantir-lhes segurança e tranquilidade no reino da morte.

Egípcios, assírio-caldeus, gregos, israelitas e romanos prestam-lhes homenagens e considerações.

E, para vê-los e ouvi-los, conservam consigo certa classe de iniciados característicos.

Equivalendo aos médiuns modernos, havia sacerdotes em Tebas, magos em Babilônia, oráculos em Atenas, profetas em Jerusalém e arúspices em Roma.

Administrações e cometimentos, embaixadas e expedições, exércitos e esquadras movimentam-se, quase sempre, sob invocações e predições.

A civilização faraônica adquire mais largo esplendor ao pé dos túmulos.

A comunidade ninivita consulta adivinhos e astrólogos.

Especifica a tradição que a alma de Teseu, em refulgente armadura, guiava as legiões helênicas, em Maratona.

Conta o Velho Testamento que dedos intangíveis escrevem terrível sentença no festim de Baltasar.

A sociedade patrícia celebra as festas lemurianas com o intuito de apaziguar os Espíritos errantes.

Contudo, quase todas as manifestações de intercâmbio entre os vivos da Terra e os vivos da Espiritualidade evidenciavam-se mescladas de sombra e luz.

No delírio de símbolos e amuletos, em nome dos mortos, estimulavam-se preces e libações, virtudes e vícios, epopeias e bacanais.

Com Jesus, no entanto, recolhe o homem o necessário crivo moral para definir responsabilidades e objetivos.

Em sua luminosa passagem, o fenômeno mediúnico, por toda parte, é intimado à redenção da consciência.

É assim que surpreendemos o divino Mestre afirmando-se em atitudes claras e decisivas.

Não somente induz Maria de Magdala a que se liberte dos perseguidores invisíveis que a subjugam, mas também a criar, em si própria, as qualidades condignas com que se fará, mais tarde, a mensageira ideal da ressurreição.

Socorre, generoso, os alienados mentais do caminho, desalgemando-os das entidades infelizes que os atenazam; contudo, entretém-se, ele mesmo, com Espíritos glorificados, no cimo do Tabor.

Promete a Simão Pedro auxiliá-lo contra o assalto das trevas e, tolerando-lhe pacientemente as fraquezas na hora da negação, condu-lo, pouco a pouco, à exaltação apostólica.

Honorificando a humildade de Estêvão, que suporta sereno as fúrias que o apedrejam, aciona-lhe os mecanismos da clarividência, e o mártir percebe-lhe a presença sublime antes de se render à imposição da morte.

Compadece-se de Saulo de Tarso, obsidiado por seres cruéis que o transformam em desalmado verdugo, e aparece-lhe, em Espírito, na senda de Damasco, para ensiná-lo, através de longos anos de renunciação e martírio, a converter-se em padrão vivo de bondade e entendimento.

E continuando-lhe o ministério divino, dispomos hoje, na Terra, da Doutrina Espírita a restaurar-lhe as lições como força que educa o fenômeno psíquico, joeirando-lhe as expressões e demonstrando-nos a todos que não bastam mediunidades fulgurantes, endereçadas ao regozijo da inteligência, no palanque das teorias ou no banquete das convicções, e sim que, sobretudo, é inadiável a nossa purificação de espírito para o levantamento do Bem eterno.

58
Ante os que partiram

Reunião pública de 24-8-1959
Questão nº 936

Nenhum sofrimento, na Terra, será talvez comparável ao daquele coração que se debruça sobre outro coração regelado e querido que o ataúde transporta para o grande silêncio. Ver a névoa da morte estampar-se, inexorável, na fisionomia dos que mais amamos e cerrar-lhes os olhos no adeus indescritível é como despedaçar a própria alma e prosseguir vivendo. Digam aqueles que já estreitaram de encontro ao peito um filhinho transfigurado em Anjo da agonia; um esposo que se despede, procurando debalde mover os lábios mudos; uma companheira cujas mãos consagradas à ternura pendem extintas; um amigo que tomba desfalecente para não mais se erguer, ou um semblante materno acostumado a abençoar, e que nada mais consegue exprimir senão a dor da extrema separação, pela última lágrima.

Falem aqueles que, um dia, se inclinaram, esmagados de solidão, à frente de um túmulo; os que se rojaram em prece nas cinzas que recobrem a derradeira recordação dos entes inesquecíveis; os que caíram, varados de saudade, carregando no seio o esquife dos próprios sonhos; os que tatearam, gemendo, a lousa imóvel, e os que soluçaram de angústia, no ádito dos próprios pensamentos, perguntando, em vão, pela presença dos que partiram.

Todavia, quando semelhante provação te bata à porta, reprime o desespero e dilui a corrente da mágoa na fonte viva da oração, porque os chamados mortos são apenas ausentes, e as gotas de teu pranto lhes fustigam a alma como chuva de fel.

Também eles pensam e lutam, sentem e choram.

Atravessam a faixa do sepulcro como quem se desvencilha da noite, mas, na madrugada do novo dia, inquietam-se pelos que ficaram... Ouvem-lhes os gritos e as súplicas na onda mental que rompe a barreira da grande sombra e tremem cada vez que os laços afetivos da retaguarda se rendem à inconformação ou se voltam para o suicídio.

Lamentam-se quanto aos erros praticados e trabalham, com afinco, na regeneração que lhes diz respeito.

Estimulam-te à prática do bem, partilhando-te as dores e as alegrias.

Rejubilam-se com as tuas vitórias no mundo interior e consolam-te nas horas amargas para que te não percas no frio do desencanto.

Tranquiliza, desse modo, os companheiros que demandam o Além, suportando corajosamente a despedida temporária, e honra-lhes a memória, abraçando com nobreza os deveres que te legaram.

Recorda que, em futuro mais próximo que imaginas, respirarás entre eles, comungando-lhes as necessidades e os problemas, porquanto terminarás também a própria viagem no mar das provas redentoras.

E, vencendo para sempre o terror da morte, não nos será lícito esquecer que Jesus, o nosso divino Mestre e Herói do túmulo vazio, nasceu em noite escura, viveu entre os infortúnios da Terra e expirou na cruz, em tarde pardacenta, sobre o monte empedrado, mas ressuscitou aos cânticos da manhã, no fulgor de um jardim.

59
Fenômeno magnético

Reunião pública de 28-8-1959
Questão n° 427

Quem admite hoje o fenômeno magnético por novidade se esquece naturalmente de que, no Egito dos Ramsés, velho papiro trazido aos nossos dias já preceituava quanto ao magnetismo curativo: "Pousa a tua mão sobre o doente e acalma a dor, afirmando que a dor desaparece".

Séculos transcorreram até que ele adquirisse extensa popularidade com as demonstrações de Mesmer e atravessasse, tímido, o pórtico da experimentação científica com personalidades marcantes, quais James Braid e Durand de Gross, Charcot e Liébeault.

E, nos tempos últimos, ei-lo em foco, desde os mais avançados gabinetes das ciências psicológicas até os espetáculos públicos nos quais a hipnose é conduzida, indiscriminadamente, para fins diversos.

Entretanto, importa considerar que é justamente em nosso Senhor Jesus Cristo que ele atinge o seu ponto mais alto na Humanidade.

Todavia, não se vale dele o Senhor para alardear os poderes que lhe exornam o Espírito.

Não lhe mobiliza os recursos para impressionar sem proveito.

Não lhe requisita os valores para discussões estéreis.

Não lhe concentra as possibilidades para a defesa de si próprio.

Jesus é o amor divino alongando os braços à angústia humana.

Estende a mão e cegos veem, e paralíticos se levantam, e feridentos se alimpam e obsidiados se recuperam.

Fita Madalena em casa de Simão e dá-lhe forças para que se liberte das entidades sombrias que a subjugam; contempla Zaqueu no sicômoro e modifica-lhe as noções da riqueza material; fixa Judas no cenáculo, e o companheiro infeliz foge apressado, incapaz de suportar-lhe a presença, e endereça a Pedro um simples olhar das grades da prisão e o amigo que o negara pranteia amargamente.

Ainda assim, não se detém nos casos particulares.

Junto ao povo, tempera cada manifestação com autoridade e doçura, humildade e comando, respeito e compreensão.

De ninguém indaga a prática religiosa para fazer o bem.

No ensinamento, utiliza parábolas para não ferir fosse a quem fosse.

A todos oferece o apaziguamento da alma, antes da cura física.

Não procura os poderosos da Terra para qualquer entendimento, e, sim, busca de preferência os que passam curvados sob o jugo das aflições.

Não se faz precedido de arautos e batedores.

Não demanda lugares especiais para a exibição dos fenômenos que lhe vertem das faculdades sublimes.

E para imprimir o magnetismo divino da Boa-Nova na mente popular, traça no monte as bem-aventuranças da vida eterna, proclamando veemente:

"Felizes os humildes de espírito, porque a eles toca o Reino dos Céus.

"Felizes os que choram, porque serão consolados.

"Felizes os afáveis, porque possuirão a Terra.

"Felizes os que têm fome e sede de justiça, porque serão fartos.

"Felizes os misericordiosos, porque obterão misericórdia.

"Felizes os que trazem consigo o coração puro, porque sentirão a presença de Deus.

"Felizes os pacíficos e os pacificadores, porque serão chamados filhos do Altíssimo.

"Felizes os que forem perseguidos sem causa, porque o Reino dos Céus lhes pertence".

Se te afeiçoas, assim, ao fenômeno magnético, seja qual for o filão de tuas atividades, poderás estudá-lo e incrementá-lo, estendê-lo e defini-lo, mas, para que dele faças motivo de santidade e honra, somente em Jesus Cristo encontrarás o luminoso e indiscutível padrão.

60
Estranho delito

Reunião pública de 31-8-1959
Questão n° 798

Observando a hostilidade manifesta que vem sofrendo a Doutrina Espírita, desde a enunciação dos seus princípios com Allan Kardec, estudemos o motivo pelo qual teria sido Jesus condenado na barra dos tribunais humanos.

Todos sabemos que o Cristo não foi vítima de assassínio vulgar.

Não obstante, sem razão foi preso, inquirido, processado, qualificado na posição de réu e condenado à morte pelo mais alto conselho da comunidade a que pertencia.

O libelo não permaneceu circunscrito ao âmbito religioso da nação israelita.

A sentença foi conduzida à ratificação do arbítrio romano na pessoa de Pilatos, submetida à consideração da autoridade provincial na presença de Ântipas e, em seguida, exposta ao veredito da multidão.

Entre todos os poderes a que foi apresentado, não se tem notícia de voz alguma que se levantasse para defendê-lo.

Entretanto, qual teria sido a culpa do Mestre nos quadros do seu tempo?

Ter-se-ia incompatibilizado com os sacerdotes?

Declarava, ele mesmo, que não vinha destruir a Lei, mas sim dar-lhe cumprimento.

Afrontaria, acaso, os abastados do mundo?

Não possuía uma pedra em que repousar a cabeça.

Guerreara os políticos dominantes?

Ensinava o respeito à legalidade, proclamando que se deve dar a César o que é de César e a Deus o que é de Deus.

Menoscabara, porventura, o prestígio dos médicos?

Valia-se apenas da oração e do magnetismo divino de que se fazia intérprete no socorro aos doentes.

Dilapidara o interesse dos comerciantes?

Em sua época, qual acontece ainda hoje, pratica a beneficência quem multiplique pães e peixes em favor dos famintos.

Insultara os filósofos e os pesquisadores do Espírito sequiosos de experiência?

Ele mesmo anunciou que todos conheceremos a verdade para que a verdade nos faça livres.

E, depois de crucificado, seus continuadores legítimos por muito tempo foram perseguidos, humilhados, espancados, martirizados e ridicularizados, apodrecendo nos cárceres, algemados a ferros, supliciados em gabinete de tortura, passados a fio de espada ou cedidos à sanha de feras sanguinárias nos espetáculos públicos.

E agora que a Doutrina Espírita lhe revive os ensinamentos, quantos lhe esposam o programa de educação e justiça, de libertação moral e fraternidade pura — já que a evolução do Direito, entre os homens, não mais permite que se ergam cruzes e fogueiras para os que creem na sabedoria e no amor da Providência divina — padecem calúnia e vilipêndio, sarcasmo e perseguição.

Isso, porém, acontece simplesmente porque a infração do Espiritismo, que reverencia a Religião, ilumina a Filosofia e venera a Ciência, tanto quanto o delito de Jesus e de seus genuínos seguidores, nos primeiros três séculos do Cristianismo apostólico, é o de combater o cativeiro da ignorância e o império do vício, a sombra da mentira e o domínio da opressão, ajudando a alma do povo a sentir e a raciocinar.

61
Doenças escolhidas

Reunião pública de 4-9-1959
Questão n° 259

Convictos de que o Espírito escolhe as provações que experimentará na Terra quando se mostre na posição moral de resolver quanto ao próprio destino, é justo recordar que a criatura, durante a reencarnação, elege, automaticamente, para si mesma, grande parte das doenças que se lhe incorporam às preocupações.

Não precisamos lembrar, nesse capítulo, as grandes calamidades particulares, quais sejam o homicídio, de que o autor arrasta as consequências na forma de extrema perturbação espiritual, ou o suicídio frustrado, que assinala o corpo daquele que o perpetra com dolorosos e aflitivos remanescentes.

Deter-nos-emos, de modo ligeiro, no exame das decisões lamentáveis, que assumimos quando enleados no carro físico, sem saber que lhe martelamos ou desagregamos as peças.

Sempre que já tenhamos deixado as constrições do primitivismo, todos sabemos que a prática do bem é simples dever e que a prática do bem é o único antídoto eficiente contra o império do mal em nós próprios.

Entretanto, rendemo-nos, habitualmente, às sugestões do mal, criando em nós não apenas condições favoráveis à instalação de determinadas moléstias no cosmo orgânico, mas também ligações fluídicas aptas a funcionarem como pontos de apoio para as influências perniciosas interessadas em vampirizar-nos a vida.

Seja na ingestão de alimento inadequado, por extravagâncias à mesa, seja no uso de entorpecentes, no alcoolismo mesmo brando, no aborto criminoso e nos abusos sexuais, estabelecemos em nosso prejuízo as síndromes abdominais de caráter urgente, as úlceras gastrintestinais, as afecções hepáticas, as dispepsias crônicas, as pancreatites, as desordens renais, as irritações do cólon, os desastres circulatórios, as moléstias neoplásicas, a neurastenia, o traumatismo do cérebro, as enfermidades degenerativas do sistema nervoso, além de todo um largo cortejo de sintomas outros, enquanto que na crítica inveterada, na inconformação, na inveja, no ciúme, no despeito, na desesperação e na avareza, engendramos variados tipos de crueldade silenciosa com que, viciando o próprio pensamento, atraímos o pensamento viciado das inteligências menos felizes, encarnadas ou desencarnadas, que nos rodeiam.

Exteriorizando ideias conturbadas, assimilamos as ideias conturbadas que se agitam em torno de nosso passo, elementos esses que se nos ajustam ao desequilíbrio emotivo, agravando-nos as potencialidades alérgicas ou pesando nas estruturas nervosas que conduzem a dor.

Mantidas tais conexões, surgem frequentemente os processos obsessivos, que, muitas vezes, sem afetarem a razão, nos mantêm no domínio de enfermidades — fantasmas que nos esterilizam as forças e, pouco a pouco, nos corroem a existência.

Guardemo-nos, assim, contra a perturbação, procurando o equilíbrio e compreendendo no bem — expressando bondade e educação — a mais alta fórmula para a solução de nossos problemas.

E ainda mesmo em nos sentindo enfermos, arrastando-nos embora, aperfeiçoemo-nos ajudando aos outros na certeza de que, servindo ao próximo, serviremos a nós mesmos, esquecendo, por fim, o mercado da invigilância, onde cada um adquire as doenças que deseja para tormento próprio.

62
Ao sol do amor

Reunião pública de 7-9-1959
Questão n° 569

Brilhando por luz de Deus, ainda mesmo nas regiões em que a escuridade aparentemente domina, o amor regenera e aprimora sempre.

Podem surgir grandes malfeitores abalando a ordem pública, mas, enquanto existirem pais e mães responsáveis e devotados, o lar fulgirá no mundo, cooperando para que se dissolva a lama da delinquência na charrua do suor ou na fonte das lágrimas.

Podem surgir crianças-problema e jovens transviados de todos os matizes, mas, enquanto existirem professores dignos do nome bendito que carregam, erguer-se-á a escola por santuário da educação.

Podem surgir doentes agoniados em todas as estâncias da vida, mas enquanto existirem cientistas consagrados ao socorro dos semelhantes, levantar-se-á o hospital como pouso da bênção divina para a redenção dos enfermos.

Podem surgir criminosos de todas as procedências, gerando reações populares pelos delitos em que estejam incursos, mas enquanto existirem juízes compreensivos e humanos, destacar-se-á o instituto correcional por cidadela do bem, onde as vítimas da sombra retornem de novo à luz.

Podem surgir empreiteiros do ateísmo e do ódio, da intolerância e da guerra, como verdadeiros alienados mentais, mas enquanto existirem sacerdotes e missionários da fé com bastante abnegação para ajudar e perdoar, luzirá o templo nas diversas confissões religiosas do mundo como autêntica oficina de acrisolamento da alma.

É justificável, portanto, que a afeição não repouse além da morte.

Para lá da fronteira de cinza, agiganta-se o trabalho para todos os corações acordados ao clarão do amor sem mácula.

Mães esquecidas na legenda do túmulo transformam-se em anjos invisíveis de renúncia ao pé de filhos desmemoriados e ingratos, para que não resvalem de todo nas tenebrosidades do abismo; esposas renascidas do nevoeiro carnal apoiam companheiros desorientados no infortúnio, para que se restaurem no tálamo doméstico; filhos desligados do corpo físico tornam, despercebidos, à convivência dos pais, arrebatando-os às tentações do desânimo ou do suicídio, e arautos de ideias renovadoras sustentam-se, em Espírito, ao lado daqueles que lhes continuam as obras.

Se te encontras, assim, em tarefas de sacrifício, não recalcitres contra os aguilhões que te acicatam as horas, consciente de que a matemática do destino não nos entrega problemas de que não estejamos necessitados.

Humilha-te e serve, desculpa e edifica, diante dos que se fazem complicados instrumentos de tua dor.

A prova antecipa o resgate, a luta anuncia a vitória e a dificuldade encerra a lição.

E embora se te situem as esperanças no agressivo espinheiro do sofrimento, ama os que te não compreendem e ora pelos que te injuriam, porque a Lei conhece o motivo pelo qual cada um deles te cruza os passos e erguer-te-á o ânimo, aqui e além da Terra, para que prossigas no apostolado do amor em perpetuidade sublime.

63
Na grande transição

Reunião pública de 11-9-1959
Questão nº 155

Por muitas que sejam as tuas dores, repara o mundo em que a divina Bondade te situa a existência e deixa que a vida te renove a esperança.

Tudo é serviço por toda parte.

Apesar dos profetas do pessimismo, bulcões ameaçadores transformam-se, na hora da tempestade, em lagos volantes, acalentando a gleba sedenta; fontes de longo curso atravessam as garras pontiagudas da rocha, convertendo-se em padrão de pureza; pântanos drenados deitam messes de reconforto, e árvores podadas multiplicam a produção.

Todas as energias que sustentam a Terra esquecem todo o mal, buscando todo o bem.

Dir-se-ia que o próprio Senhor criou a noite como exaustor das inquietações do dia, para que o homem, cada manhã, consiga reaprender e recomeçar.

Colocado, assim, no trono da razão, ante os elementos inferiores que te servem, humildes, olvida a sombra para que a luz te favoreça.

Ouve a própria consciência, seja qual for a ideia religiosa a que te filias, e perceberás que nasceste para realizar o melhor.

E quem realiza o melhor desconhece o que exprima ofensa ou descaridade, porque a ofensa é espinho da ignorância e a descaridade é chaga da delinquência, que somente a educação e o remédio conseguirão liquidar.

Tudo aquilo que desfrutas é depósito santo.

Dotes de Espírito e afeições preciosas, autoridade e influência, títulos e haveres são talentos emprestados que devolverás na hora prevista.

Desse modo, mesmo que a maioria te escarneça o propósito de bem fazer, perdoa sempre e faze o bem que possas.

O tempo que te traz hoje a oportunidade presente será amanhã o portador do minuto necessário à grande transição que a morte impõe sempre a justos e injustos... E, na grande transição, o bem que houveres feito, muita vez superando sacrifícios e trevas, ser-te-á o orvalho fecundante depois da nuvem, a água pura acrisolada na pedra, o ramo virente a destacar-se do lodo e o fruto opimo a pender do tronco dilacerado.

Segue, pois, ao clarão do bem, para que o crepúsculo das forças físicas te descerre a senda estrelada.

Não digas que tens o lar à feição de penitenciária, que te falta a compreensão alheia, que não dispões de recursos para ajudar ou que sofres inibições invencíveis.

Recorda que, certo dia, um Anjo transfigurado em homem subiu agressivo monte, sentenciado à morte sem culpa, mas, em razão de haver aceitado a cruz, por amor de todos, embora desolado e sozinho, clareou para sempre a rota do mundo inteiro.

64
Meditemos

Reunião pública de 14-9-1959
Questão n° 4

Revelando avançada paranoia pela hipertrofia do orgulho ante as conquistas da civilização atual, há quem pretenda banir a ideia de Deus do pensamento humano, encastelando-se na demência disfarçada de grandeza.

No torvo cometimento, situam-se todos os mentores do ateísmo histórico e prático, notadamente entre os povos-polvos, sequiosos de hegemonia e influência.

Todavia, quantos se consagram a semelhante monstruosidade do raciocínio esquecem-se de que apenas há quatro lustros as nações mais cultas do globo se empenharam em pavorosa carnificina.

No prélio terrível, salientavam-se os países superalfabetizados do mundo... Bastaram, porém, simplesmente alguns meses de luta para que se rebaixassem à condição de feras, fazendo renhir as garras sanguissedentas e fulminando as aquisições do Espírito com o objetivo de aniquilar a soberania da razão.

Quanto acontece agora, dispunham todos eles de tratados que lhes salvaguardavam as instituições livres...

Isso, no entanto, não impediu esquecessem os compromissos internacionais, arrasando cidades abertas e incendiando vilarejos pacíficos.

Enfileiravam largas bibliotecas de Ciências Sociais em louvor da dignidade humana, mas caíram como chacais sobre mulheres e crianças indefesas, cruentando populações inermes.

Contavam com alevantado progresso da navegação marítima e com elevados princípios a lhes nortearem os movimentos, mas converteram os oceanos em teatros de pirataria e de sangue.

Possuíam as mais nobres invenções, como o avião e o rádio, o cinema e a grande imprensa, inclusive o domínio iniciante da energia nuclear; contudo, mobilizaram todos esses recursos no assalto a lares e hospitais, escolas e templos.

Nos campos reservados à concentração de prisioneiros, o envenenamento e o suplício da fome, a bestialidade e o assassínio foram considerados atos legais.

Do sinistro balanço constaram milhões de cadáveres, milhões de mutilados, milhões de órfãos, milhões de feridos, milhões de desajustados...

Não valeram descobertas da indústria, avanços da Ciência, alturas filosóficas, ajustes políticos ou exaltações das Letras.

Tudo desceu às trevas da carnagem.

É que, quando a ambição se desregra entre os homens, cresce a força da injustiça, e, quando a injustiça se erige como poder supremo na face da Terra, habitualmente aparece o esquecimento de Deus no âmago das elites. E com o esquecimento do Criador, desentendem-se as criaturas, gerando conflito e destruição.

Entregue ao livre-arbítrio nos recessos da própria alma, pode o homem olvidar a Paternidade divina e escarnecer a ideia religiosa que lhe traça roteiro moral, mas tomba nos arrastamentos da irresponsabilidade e da delinquência; pode, com ingratidão e crueldade, pregar à vida o desrespeito a Deus, mas a vida lhe responde com as trevas do caos.

65
Reencarnação e progresso

Reunião pública de 18-9-1959
Questão n° 196

Comentando as necessidades da reencarnação, anotemos alguns quadros da Natureza.

O celeiro é a casa ideal das sementes.

Aí se congregam todas em saborosa intimidade e, quando semelhante reunião se delonga em demasia, degeneram-se na essência por ação de agentes químicos, tornando-se imprestáveis.

Conduzidas, porém, ao replantio, embora padeçam solidão e abandono nas vicissitudes do solo, voltam de novo à glória da vida em forma de verdura e flor, espiga e pão.

A gleba de calcário friável é, comumente, o refúgio de numerosos tratos de argila que aí descansam, às vezes por séculos, através de lentas modificações sem maior proveito; entretanto, se trazidos ao clima esfogueante do forno, materializam nobres sonhos do oleiro, atendendo a largas tarefas de utilidade em planos superiores.

Além da morte física, pode a alma retemperar-se ao calor de afeições caras, condicionada ao campo de afinidades em que se lhe expressam emoções e desejos; todavia, superada a fase de justo refazimento, aparece a ociosidade que, se mantida, faz com que o Espírito por muito tempo se mantenha estanque ante a luz do progresso.

É por isso que a reencarnação se mostra imprescindível e inadiável.

Determinado companheiro terá resolvido os problemas da sexualidade inferior, mas guardará consigo a febre de cupidez. Outro se sentirá liberado das tentações da usura, entretanto permanecerá em conflito com o vício da inconformação.

Alguém terá vencido o hábito da rebeldia sistemática, mas sofrerá em si mesmo o estilete magnético do ciúme. Esse e aquele amigo se revelarão livres dessa praga mental, contudo, sustentam-se, ainda, algemados à vaidade infantil ou ao orgulho tirânico.

E para que essas chagas ocultas sejam extirpadas de nossa alma, é imperioso que nos voltemos para o renascimento na arena física, onde encontraremos a adversidade naqueles que não pensam por nossas medidas, para que aprendamos a respirar nas dimensões da Vida Maior.

Em nosso presente estágio de evolução, será preciso renascer, na Terra ou noutros mundos que se lhe assemelhem, tantas vezes quantas se fizerem necessárias, não somente no resgate dos erros e culpas do pretérito, em louvor da justiça, mas também no aperfeiçoamento de nós mesmos, em obediência ao amor.

Toda máquina algo produz vencendo a inércia pela força do movimento, e toda fonte que desistisse de caminhar, com receio de pedra e lodo, nada mais seria que água parada na calmaria do charco.

O mundo é, assim, nossa escola.

A família consanguínea é o grupo estudantil a que pertencemos.

O lar é a banca da experiência.

Amigos representam explicadores.

Adversários desempenham o papel de fiscais.

Os parentes difíceis são cadernos de prova.

O trabalho espontâneo no bem é o curso da iluminação interior que podemos aproveitar segundo a nossa vontade.

E sendo Jesus o nosso divino Mestre, a cada instante da vida a dificuldade ser-nos-á como bênção portadora de preciosas lições.

66
Abençoa

Reunião pública de 21-9-1959
Questão nº 752

Deixa que a bênção de Deus te alumie o coração para que saibas abençoar.
Ninguém prescinde do amor para viver.
Observa os que marcham, desdenhosos, ignorando-te a presença, habituados à convicção de que o ouro pode comprar a felicidade.
Abençoa-os e passa.
Ninguém conhece o rochedo em que o barco da ilusão lhes infligirá o derradeiro travo de angústia.
Vês, inquieto, os que se desmandam no poder.
Abençoa-os e passa.
Muitos deles simplesmente arrastam as paixões que os arrastarão para o gelo do ostracismo ou para a cinza do esquecimento.

Contemplas, espantado, os que são portadores de títulos preciosos a te exigirem considerações e tributos especiais.

Abençoa-os e passa.

O tempo cobrar-lhes-á aflitivo imposto da alma pelas distinções que lhes conferiu.

Ouves, triste, os que injuriam e amaldiçoam.

Abençoa-os e passa.

São eles tão infelizes que ainda não podem assinalar as próprias fraquezas.

Fitas, admirado, os que fazem tábua rasa dos mais altos deveres para desfrutarem prazeres loucos, enquanto a vitalidade lhes robustece o corpo jovem.

Abençoa-os e passa.

Amanhã, surgirão acordados em mais elevado nível de entendimento.

Se alguém te fere, abençoa.

E se esse mesmo alguém volta a ferir-te, abençoa outra vez.

Não te prevaleças da crueldade para mostrar a justiça, porque a justiça integral é de Deus e todos viverão para conhecê-la.

Se teu filho é rebelde e insensato, abençoa teu filho, porque teu filho viverá.

Se teus pais são irresponsáveis e desumanos, abençoa teus pais, porque teus pais viverão.

Se o companheiro aparece ingrato e desleal, abençoa teu companheiro, porque continuará ele vinculado à existência.

Se há quem te calunia ou persegue, abençoa os que perseguem e caluniam, porque todos eles viverão.

Humilhado, batido, esquecido ou insultado, abençoa sempre.

Basta a vida para retificar os erros da consciência.

Inquirido, certa vez, pelo Apóstolo quanto ao comportamento que lhe cabia perante a ofensa, afirmou Jesus: "Perdoarás não sete vezes, mas setenta vezes sete".

Com isso, o divino Mestre desejava dizer que ninguém precisa vingar-se, porque o autor de qualquer crueldade tê-la-á como fogo nas próprias mãos.

67
Materialistas

Reunião pública de 25-9-1959
Questão nº 799

Não podemos afirmar que os materialistas vêm vindo... Estão nos tempos modernos, por toda parte, tentando inconscientemente apagar a luz do Espírito.

Assestam telescópios na direção das galáxias e supõem resolver os enigmas do Universo pelas acanhadas impressões dos cinco sentidos da esfera física.

Devotam-se aos mais altos estudos da Psicologia transcendente e atestam que o homem não passa de símio complexo sem maiores possibilidades de evolução.

Dizem que estamos longe de equacionar os problemas do destino e do ser e estabelecem padrões para a genética humana, tomando por alicerce o comportamento de drosófilas e de ratos nas atividades reprodutivas.

Asseveram que é preciso plasmar elites de condutores e dirigem-se à mocidade acadêmica, subtraindo-lhe as noções da alma, à feição de sorridentes carrascos da responsabilidade moral.

Destacam o imperativo da solidariedade e preconizam a sumária eliminação dos que nasçam doentes ou incapazes.

Proclamam-se campeões da liberdade e desprezam quem lhes não aceite o figurino mental.

Recomendam a investigação das questões do Espírito e injuriam as inteligências sinceras e desassombradas que a elas se afeiçoem.

Aconselham o respeito às religiões e, em vez de ajudá-las no apostolado de amor pela extinção do sofrimento, solapam-lhes a existência a golpes de sarcasmo sutil.

Claro que não nos reportamos aos pesquisadores respeitáveis, porque a Ciência — matriz do progresso — será sempre, no mundo, a interrogação vestida de luz, entesourando experiências diante da verdade.

Referimo-nos aos epicuristas de todas as épocas, sejam eles autores de fulgurantes pensamentos destrutivos em alentados livros sobre a Natureza, ou meros conversadores de salão, interessados nas sensações inferiores em detrimento da sublimação íntima.

Desde as primeiras horas de nossa formação doutrinária, os mensageiros do Cristo explicaram que o Espiritismo contribuirá para o aperfeiçoamento da Terra, anulando o materialismo, por ensinar aos homens a dignificação do futuro, mantendo-os livres de seitas e cores, castas e privilégios.

Temos, assim, a tarefa de conduzir para frente a bandeira da imortalidade com o trabalho incessante que lhe é consequente, mas, para atingirmos a meta, é imperioso que se disponha cada um de nós a viver em si mesmo os princípios que prega, com a obrigação de servir e com o dever de estudar.

68
Materialismo

Reunião pública de 28-9-1959
Questão nº 148

Para dissipar a sombra do materialismo a espessar-se no espírito humano, é forçoso que evitemos a atitude daquelas autoridades da antiga Bizâncio, que discutiam bagatelas, enquanto os inimigos lhes cercavam as portas. Reconhecendo a impossibilidade de vincular essa anomalia às raízes da ignorância, uma vez que o epicurista é, invariavelmente, alguém que se prevalece da cultura intelectual para extrair da existência o máximo de prazer com esquecimento da responsabilidade, interpretemos o materialismo como enfermidade obscura, espécie de neoplasma da mente, a degenerar-lhe os mecanismos. Da tumoração invisível surgem a violência e a crueldade, a desumanidade e o orgulho por metástases perigosas, suscetíveis de criar as piores deformidades no mundo íntimo.

E tanto quanto a ciência médica ainda encontra dificuldades para definir a etiologia do câncer, surpreendemos, de nossa parte, os maiores entraves para explicar a causa de semelhante calamidade, porquanto, sendo a ideia de Deus imanente em todas as leis do Universo, não é compreensível se isole, voluntariamente, a razão da sua origem divina.

Convençamo-nos, porém, de que todo desequilíbrio do Espírito pede, por remédio justo, a educação do Espírito.

Veiculemos, assim, o livro nobre.

Estendamos a mensagem edificante.

Acendamos a luz dos nossos princípios nas colunas da imprensa.

Utilizemos a onda radiofônica, auxiliando o povo a pensar em termos de vida eterna.

Relatemos as nossas experiências pessoais no caminho da fé com o desassombro de quem se coloca acima dos preconceitos.

Amparemos a infância e a juventude para que não desfaleçam à míngua de assistência espiritual.

Instruamos a mediunidade.

Aperfeiçoemos nossos próprios conhecimentos por meio da leitura construtiva e meditada.

Instituamos cursos de estudo do Evangelho de Jesus e da obra de Allan Kardec em nossas organizações, preparando o futuro.

Ofereçamos pão ao estômago faminto e alfabeto ao raciocínio embotado.

Plantemos no culto da caridade o culto da escola.

E, sobretudo, considerando o materialismo como chaga oculta, não nos afastemos da terapia do exemplo, porque, em todos os climas da Humanidade, se a palavra esclarece, o exemplo arrasta sempre.

69
Diante das tentações

Reunião pública de 2-10-1959
Questão nº 893

Tentado à permanência nas trevas, embora de pés sangrando, dirige-te para a luz.

Enquanto não atravessa o suor e o cansaço da plantação, lavrador algum amealha a colheita.

Até que atinjamos, um dia, o clima do reino angélico, seremos almas humanas, peregrinos da evolução nas trilhas da eternidade.

Aqui e ali, ouviremos cânticos de exaltação à virtude e, louvando-a, falaremos por nossa vez, acentuando-lhe os elogios.

Entretanto, manda a sinceridade que nos vejamos por dentro, e, por dentro de nós, ruge o passado, gritando injúrias contra as nossas mais belas aspirações.

Toma, porém, o facho que o Cristo te coloca nas mãos e clareia a intimidade da consciência, parlamentando contigo mesmo.

Hora a hora, esclareçamos a nós próprios, tanto quanto nos lançamos no ensino aos outros.

Reparando os caídos em plena viciação, inventaria as próprias fraquezas e perceberás que, provavelmente, respirarias agora numa enxerga de lodo não fosse a migalha do conhecimento que te enriquece.

Diante dos que se desvairam na crítica, observa a facilidade com que te entregas aos julgamentos irrefletidos e pondera que serias igualmente compelido ao braseiro da crueldade, não fosse algum ligeiro dístico da prudência que consegues mentalizar.

À frente daqueles que se envileceram na carruagem do ouro ou da influência política, recorda quantas vezes a vaidade te procura, por dia, nos recessos do coração e reconhecerás que também forçarias as portas da fortuna e do poder, caso não fosse o leve fio de responsabilidade que te frena os impulsos.

Analisando os que sofrem na tela da obsessão, pensa nos reiterados enganos a que te arrojas e compreenderás que ainda hoje chorarias nas angústias do manicômio, não fosse a pequenina faixa de serviço no bem a que te afeiçoas.

Perante os companheiros atolados no crime, anota a agressividade que ainda trazes contigo e concluirás que talvez estivesses na penitenciária, amargando aflitiva sentença, não fosse o rainúnculo de oração que acendes na própria alma.

E as lutas que te marcam a rota assinalam, também, o campo de serviço em que ainda estagias junto aos desencarnados da nossa esfera de ação.

Situemo-nos no lugar dos que erram, e nosso raciocínio descansará no abrigo do entendimento.

Nenhum lidador vinculado à Terra se encontra integralmente livre das tendências inferiores.

Todos nós, ante a sublimidade do Cristo, somos almas em libertação gradativa, buscando a vitória sobre nós mesmos.

E se a estrada para semelhante triunfo se chama "caridade constante para com os outros", o primeiro passo de cada dia chama-se "compaixão".

70
Na hora da crise

Reunião pública de 5-10-1959
Questão nº 466

Na hora da crise, emudece os lábios e ouve as vozes que falam, inarticuladas, no imo de ti mesmo.
Perceberás, distintamente, o conflito.
É o passado que teima em ficar e o presente que anseia pelo futuro.
É o cárcere e a libertação.
A sombra e a luz.
A dívida e a esperança.
É o que foi e o que deve ser.
Na essência, é o mundo e o Cristo no coração.
Grita o mundo pelo verbo dos amigos e dos adversários na Terra e além da Terra.

Adverte o Cristo, por meio da responsabilidade que nos vibra na consciência.

Diz o mundo: "acomoda-te como puderes".

Pede o Cristo: "levanta-te e anda".

Diz o mundo: "faze o que desejas".

Pede o Cristo: "não peques mais".

Diz o mundo: "destrói os opositores".

Pede o Cristo: "ama os teus inimigos".

Diz o mundo: "renega os que te incomodem".

Pede o Cristo: "ao que te exija mil passos, caminha com ele dois mil".

Diz o mundo: "apega-te à posse".

Pede o Cristo: "ao que te rogue a túnica cede também a capa".

Diz o mundo: "fere a quem te fere".

Pede o Cristo: "perdoa sempre".

Diz o mundo: "descansa e goza".

Pede o Cristo: "avança enquanto tens luz".

Diz o mundo: "censura como quiseres".

Pede o Cristo: "não condenes".

Diz o mundo: "não repares os meios para alcançar os fins".

Diz o Cristo: "serás medido pela medida que aplicares aos outros".

Diz o mundo: "aborrece os que te aborreçam".

Pede o Cristo: "ora pelos que te perseguem e caluniam".

Diz o mundo: "acumula ouro e poder para que te faças temido".

Diz o Cristo: "provavelmente nesta noite pedirão tua alma e o que amontoaste para quem será?"

Obsessão é também problema de sintonia.

O ouvido que escuta reflete a boca que fala.

O olho que algo vê assemelha-se, de algum modo, à coisa vista.

Não precisas, assim, sofrer longas hesitações nas horas de tempestade.

Se realmente procuras caminho justo, ouçamos o Cristo, e a palavra dele, por bússola infalível, traçar-nos-á rumo certo.

71
Justiça e amor

Reunião pública de 9-10-1959
Questão nº 876

    Sempre que te reportes à justiça, repara que Deus a fez assistida pelo amor, a fim de que os caídos não sejam aniquilados.
    Terás contigo a lógica, indicando-te os males e o entendimento, inspirando-te o necessário socorro aos que lhes sofrem o assédio.
    Onde passes, compadece-te dos vencidos que contemples à margem...
    Muitos pranteiam as ilusões que lhes trouxeram arrependimento e remorso, e muitos se levantam ainda sobre os próprios enganos, à maneira de trapezistas inconscientes, ensaiando o último salto ao precipício da morte.
    Dir-te-ão alguns não precisarem de teu consolo, fugindo-te à presença, com receio da verdade que te brilha

na boca, e outros, que descreram do poder renovador do trabalho, preferem rolar no vício, descendo, mais cedo, os degraus do sepulcro.

Além deles, porém, surgem outros... Os que desanimaram em plena luta, recolhendo-se ao frio da retaguarda, os que enlouqueceram de sofrimento, os que perderam a fé por falta de vigilância, os que se transviaram à mingua de reconforto e os que se abeiram do suicídio, tomados pelo superlativo do desespero.

Tentando dar-lhes remédio, ergue o mundo penitenciárias e hospitais, reformatórios e manicômios; no entanto, para ajudá-los, confere-te o Cristo a flama do amor no santuário do coração.

Todos esses padecentes da estrada têm algo para ensinar.

Os que tombam esmagados de aflição induzem-te ao serviço pelo mundo melhor, e os que se arrojam a monstruosos delitos falam, sem palavras, em louvor do equilíbrio de que dispões, auxiliando-te a preservá-lo.

Não permitas que a justiça de tua alma caminhe sem amor, para que se não converta em garra de violência.

Ao pé dos maiores celerados da Terra, Deus colocou mães que amam, embora esses filhos desditosos de sua bênção lhes transformem a vida em fonte de lágrimas.

Diante, pois, dos vencidos de todas as condições e de todas as procedências, não mostres desprezo, nem grites anátema.

Não lhes conheces a história desde o princípio e não percebes, agora, a causa invisível da dor que os degrada.

Ora e auxilia em silêncio, porque não sabes se amanhã raiará teu instante de abatimento e de angústia, e manda a regra divina que façamos aos outros aquilo que desejamos nos seja feito.

Justiça sem amor é como terra sem água.

Recorda que o próprio Cristo, reconhecendo que os vencedores do mundo habitualmente se inclinam à vaidade — perigosa armadilha para quedas maiores —, preferiu nascer na palha dos que vagueiam sem rumo, viver na dificuldade dos menos felizes e morrer na cruz reservada às vítimas do crime e aos filhos da escravidão.

72
Essas outras crianças

Reunião pública de 16-10-1959
Questão nº 383

Quando abraçares teu filho no conforto doméstico, fita essas outras crianças que jornadeiam sem lar.

* * *

Dispões de alimento abundante para que teu filho se mantenha em linha de robustez.

Essas outras crianças, porém, caminham desnorteadas, aguardando os restos da mesa que lhes atiras, com displicência, findo o repasto.

* * *

Escolhes a roupa nobre e limpa de que teu filho se vestirá conforme a estação.

Todavia, essas outras crianças tremem de frio, recobertas de andrajos.

* * *

Defendes teu filho contra a intempérie, sob teto acolhedor, sustentando-o à feição de joia no escrínio.

Contudo, essas outras crianças cochilam estremunhadas na via pública, quando não se distendem no espaço asfixiante do esgoto.

* * *

Abres ao olhar deslumbrado de teu filho os tesouros da escola.

E essas outras crianças suspiram debalde pela luz do alfabeto, acabando, muita vez, encerradas no cubículo das prisões, à face da ignorância que lhes cega a existência.

* * *

Conduzes teu filho a exame de pediatras distintos sempre que entremostre leve dor de cabeça.

Entretanto, essas outras crianças, minadas por moléstias atrozes, agonizam em leitos de pedra, sem que mão amiga as socorra.

* * *

Ofereces aos sentidos de teu filho a festa permanente das sugestões felizes pela educação incessante.

No entanto, essas outras crianças guardam olhos e ouvidos quase sempre sintonizados no lodo abismal das trevas.

* * *

Afaga, assim, teu filho no trono familiar, mas desce ao pátio da provação onde essas outras crianças se agitam em sombra ou desespero e ajuda-as quanto possas!

* * *

Quem serve no amor do Cristo sabe que a boa palavra e o gesto de carinho, o pedaço de pão e a peça de vestuário, o frasco de remédio e a xícara de leite operam maravilhas.

* * *

Proclamas, a cada passo, que esperas, confiante, o esplendor do futuro, mas, enquanto essas outras crianças chorarem desamparadas, clamaremos em vão pelo mundo melhor.

73
Amigos

Reunião pública de 19-10-1959
Questão nº 938

À medida que avances montanha acima, nas trilhas da evolução, é possível que muitos de teus amigos se transformem, porque não possam ver o que vês.
É qual se o vinho capitoso surgisse transfigurado em resíduo de fel, ou como se o brilhante longamente acariciado se metamorfoseasse em pedra falsa.
Consagras-te agora à luz.
Dormitam muitos na sombra.
Escolhes hoje servir.
Demoram-se muitos reclamando o serviço alheio.
Buscas presentemente a verdade.
Afeiçoam-se muitos à máscara da ilusão.
Desapegas-te de prazeres inferiores e posses materiais.

Algemam-se muitos à egolatria.

Estranhando-te a nova atitude, quase sempre te classificam os anseios de elevação com adjetivos injuriosos.

Porque não mais te acomodas nas trevas, há entre eles quem te chame orgulhoso.

Porque conservas a humildade na luz da abnegação, há entre eles quem te chame covarde.

Porque não mais te relaciones com a mentira, há entre eles quem te chame fanático.

Porque esqueces a ti mesmo no culto do amparo a outrem, há entre eles quem te chame idiota.

Entretanto, ama-os mesmo assim, sem exigir que te amem, cultivando o trabalho que a vida te confiou.

O serviço sustentado nas tuas mãos falará, sem palavras, de teus bons propósitos a criaturas diferentes que, tangidas pelo divino Amor, chegarão de outros campos em teu auxílio.

Para isso, porém, é indispensável que não entres no labirinto das lamentações vinagrosas.

Censurar é ferir, e queixar-se é perder tempo.

Renuncia, pois, à satisfação da convivência com aqueles que, embora continuem amados em teu coração, não mais te comunguem as esperanças.

Se te esquecerem, perdoa.

Se te desprezarem, perdoa mais uma vez.

Se te insultarem, perdoa novamente.

Se te atacarem, perdoa sempre.

Seja qual for a maneira pela qual te apareçam, nos dias da incompreensão, ajuda-os quanto puderes.

O silêncio em serviço é uma prece que fala.

Deus, que concede à semente o refúgio da terra e a bênção da chuva para que germine, em louvor do pão, dar-te-á também outras almas com as quais te associes para a glória do bem.

74
Campanha na campanha

Reunião pública de 23-10-1959
Questão nº 886

"Campanha", além de outros significados na sinonímica, pode também figuradamente expressar "esforço para conseguir alguma coisa".

Temos, desse modo, campanhas múltiplas no terreno da solidariedade como simples dever; todas, porém, rogando a campanha da indulgência no âmago de si mesmas.

Ouçamos, assim, o que nos diz semelhante campanha íntima.

* * *

Ajuda a construir o templo de tua fé, mas não creias que os outros devam crer conforme crês.

* * *

Ergue um lar que recolha os infortunados da via pública; entretanto, não expulses do coração as vítimas do mal, para que o mal não as aniquile.

* * *

Agasalha a epiderme desnuda do companheiro; todavia, não exponhas a vida do próximo às rajadas mortíferas da censura.

* * *

Estende o prato reconfortante ao faminto; contudo, não te falte apoio moral para os sedentos de compreensão.

* * *

Traze a cadeira de rodas à necessidade do paralítico; no entanto, não deixes de levantar os caídos em desapreço.

* * *

Protege os obsidiados como puderes, mas desculpa incondicionalmente os amigos perturbados da própria rota quando te compliquem a experiência.

* * *

Dá remédio aos enfermos; entretanto, não negues algum bálsamo de esperança aos corações tombados no vício.

* * *

Ampara a criança menosprezada; contudo, não a escravizes à tua exigência.

* * *

Promove a pregação da virtude; no entanto, atende ao culto incessante da gentileza para com todos, começando da própria casa.

* * *

Presta serviço aos irmãos do caminho, mas não lhes cobres favores especiais.

* * *

Realmente, em quaisquer campanhas de redenção, não te despreocupes da campanha da indulgência na campanha a que te afeiçoes.

* * *

Indulgência exprime "entendimento", e "entendimento" quer dizer "simpatia fraterna".

* * *

Jesus, entre os homens, partilhou campanhas diversas, inclusive aquelas do amor pelos inimigos e da oração pelos que perseguem e caluniam.

Entretanto, fosse na tolerância aos sarcasmos da rua ou no perdão aos ingratos, em momento algum se esqueceu da própria consagração à campanha da bênção.

75
Em plena prova

Reunião pública de 26-10-1959
Questão nº 266

Aguardas a melhora que parece tardia...
Suspiras em vão pelo amigo ideal...
Anseias inutilmente pela concórdia doméstica...
Clamas debalde pelo socorro em serviço...
Todavia, mesmo nos transes mais duros, espera com paciência.

* * *

Ontem devastamos lares alheios. Hoje é preciso reconstruí-los.
Ontem traçamos caminhos de lodo e sombra aos pés dos outros. Hoje é preciso purificá-los.
Ontem retínhamos sem proveito a fortuna de todos. Hoje é preciso devolvê-la em trabalho, acrescida de juros.

Ontem cultivamos aversões. Hoje é preciso desfazê-las, a preço de sacrifício.

Ontem abraçamos o crime, supondo preservar-nos e defender-nos. Hoje é preciso reparar e solver.

Ontem cravamos no próximo o espinho do sofrimento. Hoje é preciso experimentá-lo por nossa vez.

* * *

Se sobes calvário agreste, irriga em suor e pranto a senda para o futuro.

Qual ocorre ao enfermo que solicita assistência adequada antes da consulta, imploraste, antes do berço, a prova que te agracia.

Aspirando a sanar as chagas do pretérito, comissionaste o próprio destino para que te entregasse à existência o problema inquietante e a frustração temporária, o embaraço imprevisto e a trama da obsessão, o parente amargoso e a doença difícil.

Não atraiçoes a ti mesmo, fugindo ao merecimento da concessão.

Milhares de companheiros desenleados da carne suplicam o ensejo de que já desfrutas.

Mergulhados na dor maior, tudo dariam para obter a dor menor em que te refazes.

* * *

Desse modo, quando estiveres em oração, sorvendo a taça de angústia, na sentença que indicaste a ti próprio diante das Leis divinas, roga a bênção da saúde e a riqueza da paz, a luz da consolação e o favor da alegria, mas pede a Deus, acima de tudo, o apoio da humildade e a força da paciência.

76
Jesus e atualidade

Reunião pública de 30-10-1959
Questão nº 626

Hoje, sabe a Física que a luz é uma forma de energia e que todas as coisas criadas são composições energéticas, vibrando em ondas características.
Disse o Cristo: "Brilhe vossa luz".
Começa a Magnetologia a provar cientificamente a reencarnação.
Elucidou o Senhor: "Necessário vos é nascer de novo".
Conclui a Medicina que o homem precisa desembaraçar-se de tudo o que lhe possa constituir motivo à cólera ou tensão em favor do próprio equilíbrio.
Ensinou Jesus, por fórmula de paz e proteção terapêutica: "Amai os vossos inimigos, fazei bem aos que vos façam mal e orai pelos que vos perseguem e caluniam".

Afirma a Psicanálise que todo desejo reprimido marca a personalidade à feição de recalque.

Aclarou o divino Mestre: "Não é o que entra na boca do homem o que lhe torna a vida impura, mas o que lhe sai do coração".

A Penologia transforma os antigos cárceres de tortura em escolas de educação e de reajuste.

Proclamou o eterno Amigo: "Misericórdia quero e não sacrifício, porque os sãos não necessitam de médico".

A Sociologia preceitua o trabalho para cada um na comunidade como simples dever.

Informou Jesus: "Quem dentre vós deseje a posição de maior seja o servo de todos".

A política de ordem superior exige absoluta independência entre o Estado e as crenças do povo.

Falou o Cristo: "Dai a César o que a César compete, e a Deus o que a Deus pertence".

A Astronáutica examina o campo físico da Lua e dirige a atenção para a vida material em outros planetas.

Anunciou o Mestre dos mestres: "Na casa de meu Pai, há muitas moradas".

A unidade religiosa caminha gradativamente para o culto da assistência social e da oração, acima dos templos de pedra.

Asseverou o Emissário sublime: "Nossos antepassados reverenciavam a Deus no alto dos montes e dizeis agora que Jerusalém é o lugar adequado a isso, mas tempos virão em que os verdadeiros religiosos adorarão a Deus em Espírito, porque o Pai procura os que assim o procuram".

A navegação rápida e a aviação, o telefone e o rádio, o cinema e a televisão, apesar das faixas de sombra espiritual que por enquanto lhes obscureçam os serviços, indicam a todos os povos um só caminho — a fraternidade.

Recomendou o Senhor: "Amai-vos uns aos outros como eu vos amei".

Eis por que a Doutrina Espírita nos reconduz ao Evangelho em sua primitiva simplicidade, porquanto somente assim compreenderemos, ante a imensa evolução científica do homem terrestre, que o Cristo é o sol moral do mundo a brilhar hoje como brilhava ontem, para brilhar mais intensamente amanhã.

77
Oração no dia dos mortos

Reunião pública de 2-11-1959
Questão nº 823

Senhor Jesus!

Enquanto nossos irmãos na Terra se consagram hoje à lembrança dos mortos-vivos que se desenfaixaram da carne, oramos também pelos vivos-mortos que ainda se ajustam à teia física... Pelos que jazem sepultados em palácios silenciosos, fugindo ao trabalho, como quem se cadaveriza, pouco a pouco, para o sepulcro; pelos que se enrijeceram gradativamente na autoridade convencional, adornando a própria inutilidade com títulos preciosos, à feição de belos epitáfios inúteis; pelos que anestesiaram a consciência no vício, transformando as alegrias desvairadas do mundo em portões escancarados para a longa descida às trevas; pelos que enterraram a própria mente nos cofres da sovinice, enclausurando a existência numa cova de ouro; pelos que paralisaram a circulação do próprio sangue nos excessos da mesa; pelos que se mumificaram no féretro da preguiça, receando as cruzes redentoras e as calúnias honrosas; pelos que se imobilizaram no paraíso doméstico, enquistando-se no egoísmo entorpecente, como desmemoriados, descansando no espaço estreito do esquife...

E rogamos-te ainda, Senhor, pelos mortos das penitenciárias, que ouviram as sugestões do crime e clamam agora na dor do arrependimento; pelos mortos dos hospitais e dos manicômios, que gemem, relegados à solidão na noite da enfermidade; pelos mortos de desânimo, que se renderam, na luta, às punhaladas da ingratidão; pelos mortos de desespero, que caíram em suicídio moral por desertores da renúncia e da paciência; pelos mortos de saudade, que lamentam a falta dos seres pelos quais dariam a própria vida; e por esses outros mortos, desconhecidos e pequeninos, que são as crianças entregues à via pública, exterminadas na vala do esquecimento... por todos esses nossos irmãos, não ignoramos que choras também como choraste sobre Lázaro morto...

E trazendo, igualmente hoje, a cada um deles a flor da esperança e o lume da oração, sabemos que o teu amor infinito clarear-nos-á o vale da morte, ensinando-nos o caminho da eterna ressurreição.

78
Pluralidade dos mundos habitados

Reunião pública de 6-11-1959
Questão nº 55

 Enquanto o homem se encaminha para a Lua, estudando-a de perto, comove-nos pensar que a Doutrina Espírita se referia à pluralidade dos mundos habitados, precisamente há mais de um século.
 Acresce notar, ainda, que os veneráveis orientadores da Nova Revelação, guiando o pensamento de Allan Kardec, fizeram-no escrever a sábia declaração: "Deus povoou de seres vivos todos os mundos, concorrendo esses seres ao objetivo final da Providência".
 Sabemos hoje que moramos na Via Láctea — a galáxia comparável à imensa cidade nos domínios universais. Essa cidade tem

mais de duzentos milhões de sóis, transportando consigo planetas, asteroides, cometas, meteoros, aluviões de poeira e toda uma infinidade de turbilhões energéticos.

Entre esses sóis está o nosso, modestíssimo foco de luz, considerando-se que Sírius, um de seus vizinhos, apresenta brilho quarenta vezes maior. E, acompanhando-o, a nossa Terra, com todo o cortejo de suas orgulhosas nações, tem a importância de uma "casa nos fundos", visto que, se a Lua é satélite nosso, o globo que nos asila é satélite pequenino desse mesmo Sol que nos sustenta.

Viajando a luz com a velocidade de trezentos mil quilômetros por segundo, gasta milhares de anos para atravessar, de um ponto a outro, o continente galáctico em que residimos.

Mas os espelhos telescópicos do homem já conseguem assinalar a existência de milhões e milhões de outras galáxias, mais ou menos semelhantes à nossa, a se espraiarem na vastidão do Universo.

Até agora, neste breve lembrete, nos reportamos simplesmente ao campo físico observável pelos homens encarnados, atreitos, como é natural, ao raio reduzido da percepção que lhes é própria, sem nos referirmos às esferas espirituais mais complexas que rodeiam cada planeta, quanto cada sistema.

Nesse critério, vamos facilmente encontrar, em todos os círculos cósmicos, os seres vivos da asserção de Kardec, embora a instrumentação do homem não os divise a todos. Eles se desenvolvem por inimagináveis graus evolutivos, cabendo-nos reconhecer que, em aludindo à pluralidade dos mundos habitados, não se deverá olvidar a gama infinita das vibrações e os estados múltiplos da matéria.

Temos, assim, no espaço incomensurável, mundos-berços e mundos-experiências, mundos-universidades e mundos-templos, mundos-oficinas e mundos-reformatórios, mundos-hospitais e mundos-prisões.

Saudamos, pois, o advento da nova era, em que o homem físico, valendo-se principalmente do rádio e do radar, do foguete e do cérebro eletrônico, pode incursionar além da Lua, auscultando, em regime de limitação compreensível, as faixas de matéria em que psiquicamente se entrosa.

E desejando-lhe paz, a fim de que prossiga em suas arrojadas e preciosas perquirições, podemos assegurar que em todos os planos a consciência acordada à luz da razão e da responsabilidade surpreenderá sempre, por base de todo aperfeiçoamento moral, o preceito do Cristo que coloca "o amor a Deus e ao próximo" como sendo o coração da vida, pulsando, invariável, no peito da Justiça divina que manda, em toda parte, conferir a cada um segundo as próprias obras.

79
Abnegação

Reunião pública de 9-11-1959
Questão nº 912

No estudo da abnegação, fitemos em Cristo o exemplo máximo.

Emissário de Deus entre os homens, podia exigir um palácio para nascer, mas preferiu asilar-se no abrigo dos animais.

Podia frequentar, na meninice, os mais altos grêmios filosóficos e religiosos da nação que o contava entre os seus; todavia, preferiu as rudes experiências da carpintaria de Nazaré.

Podia aderir aos programas de dominação dos maiorais em Jerusalém, impondo-lhes a sua própria condição de missionário excepcional; entretanto, preferiu incorporar-se ao trabalho de pescadores humildes, revelando-se a eles sem violência.

Podia escolher as damas ilustres para entreter-se, com elas, acerca do Reino de Deus, em tertúlias afetivas no terraço de casas nobres; contudo, preferiu entender-se com as mulheres simples do povo, sem esquecer a filha de Magdala, submetida aos flagelos da humilhação.

Podia insinuar-se no ambiente mais íntimo de Caifás ou Pilatos e agradar-lhes a parentela para ganhar influência; no entanto, preferiu aproximar-se dos enfermos esquecidos na via pública.

Podia acumular ouro e prata, mobilizando os poderes de que dispunha, mas preferiu viver entre os desfavorecidos do mundo, sem reter uma pedra onde repousar a cabeça.

Podia afastar Iscariotes do círculo doméstico, depois de perceber-lhe os primeiros sinais da deserção; todavia, preferiu conservá-lo entre os aprendizes, para não lhe frustrar as oportunidades de reajuste.

Podia agitar a multidão contra os detratores de sua causa; entretanto, preferiu que os detratores a comandassem.

Podia recorrer à justiça de modo a defender-se contra a perseguição sem motivo; no entanto, preferiu morrer perdoando aos algozes, alinhando-se entre os condenados à morte sem culpa.

Não te despreocupes, assim, da abnegação dentro da própria vida, a fim de que possas auxiliar as vidas que te rodeiam.

Supérfluo que nos enfeita é carência que aflige os outros.

O grande egoísmo da Humanidade é a soma dos pequenos egoísmos de cada um de nós.

Sofrer por obrigação é resgate humano, mas sofrer para que outros não sofram é renúncia divina.

Ninguém sabe se existe virtude nos prisioneiros da expiação; entretanto, a virtude mostra-se viva em todo aquele que, podendo acolher-se ao bem próprio, procura, acima de tudo, o bem para todos.

Se podes exigir e não exiges, se podes pedir e não pedes, se podes complicar e não complicas, se podes parar de servir e prossegues servindo, estarás conquistando o justo merecimento.

Não vale, pois, reclamar a abnegação dos outros para a melhoria do mundo, porque o próprio Cristo nos ensinou, à força de exemplos, que a melhoria do mundo começa de nós.

80
Doutrina espírita

Reunião pública de 13-11-1959
Questão nº 838

Toda crença é respeitável.
No entanto, se buscaste a Doutrina Espírita, não lhe negues fidelidade.

* * *

Toda religião é sublime.
No entanto, só a Doutrina Espírita consegue explicar-te os fenômenos mediúnicos em que toda religião se baseia.

* * *

Toda religião é santa nas intenções.

No entanto, só a Doutrina Espírita pode guiar-te na solução dos problemas do destino e da dor.

* * *

Toda religião auxilia.

No entanto, só a Doutrina Espírita é capaz de exonerar-te do pavor ilusório do inferno, que apenas subsiste na consciência culpada.

* * *

Toda religião é conforto na morte.

No entanto, só a Doutrina Espírita é suscetível de descerrar a continuidade da vida além do sepulcro.

* * *

Toda religião apregoa o bem como preço do paraíso aos seus profitentes.

No entanto, só a Doutrina Espírita estabelece a caridade incondicional como simples dever.

* * *

Toda religião exorciza os Espíritos infelizes.

No entanto, só a Doutrina Espírita se dispõe a abraçá-los, como a doentes, neles reconhecendo as próprias criaturas humanas desencarnadas, em outras faixas de evolução.

* * *

Toda religião educa sempre.

No entanto, só a Doutrina Espírita é aquela em que se permite o livre exame, com o sentimento livre de compressões dogmáticas, para que a fé contemple a razão face a face.

* * *

Toda religião fala de penas e recompensas.
No entanto, só a Doutrina Espírita elucida que todos colheremos conforme a plantação que tenhamos lançado à vida, sem qualquer privilégio na Justiça divina.

* * *

Toda religião erguida em princípios nobres, mesmo as que vigem nos outros continentes, embora nos pareçam estranhas, guardam a essência cristã.
No entanto, só a Doutrina Espírita nos oferece a chave precisa para a verdadeira interpretação do Evangelho.

* * *

Porque a Doutrina Espírita é em si a liberalidade e o entendimento, há quem julgue seja ela obrigada a misturar-se com todas as aventuras marginais e com todos os exotismos, sob pena de fugir aos impositivos da fraternidade que veicula.
Dignifica, assim, a Doutrina que te consola e liberta, vigiando-lhe a pureza e a simplicidade, para que não colabores, sem perceber, nos vícios da ignorância e nos crimes do pensamento.
"Espírita" deve ser o teu caráter, mesmo que te sintas em reajuste depois da queda.
"Espírita" deve ser a tua conduta, mesmo que estejas em duras experiências.

"Espírita" deve ser o nome de teu nome, mesmo que respires em aflitivos combates contigo mesmo.

"Espírita" deve ser o claro adjetivo de tua instituição, mesmo que, por isso, te faltem as passageiras subvenções e honrarias terrestres.

Doutrina Espírita quer dizer Doutrina do Cristo.

E a Doutrina do Cristo é a doutrina do aperfeiçoamento moral em todos os mundos.

Guarda-a, pois, na existência como sendo a tua responsabilidade mais alta, porque dia virá em que serás naturalmente convidado a prestar-lhe contas.

81
Professores diferentes

Reunião pública de 16-11-1959
Questão nº 290

Entre familiares e amigos, encontras, na Terra, a oficina do teu burilamento.
Com raras exceções, todos apresentam problemas a resolver.
Problemas na emoção e no pensamento.
Problemas na palavra e na ação.
Problemas no lar e no trabalho.
Problemas no caminho e nas relações.
Prossegues, assim, junto deles como quem respira ao pé de múltiplos instrutores num instituto de ensino.
Muitos reclamam trabalho, lecionando-te paciência, enquanto outros te ferem a sensibilidade, diplomando-te em sacrifício. Há os que te escandalizam incessantemente, adestrando-te em piedade, e aqueles que te golpeiam a alma

com as lâminas invisíveis da ingratidão, para que aprendas a perdoar.

E as lições vão surgindo, à maneira de testes inevitáveis.

Agora, é o esposo que deserta, dobrando-te a carga de obrigações, ou, noutras circunstâncias, é a esposa que se rebela aos compromissos, agoniando-te as horas... Hoje, ainda, são os pais que te contrariam as esperanças, os filhos que te aniquilam os sonhos ou os amigos que se transformam em duros entraves no serviço a fazer.

Nenhum problema, entretanto, aparece ao acaso, e, por isso, é imperioso que te armes de amor para a luta íntima.

Fugir da dificuldade é, muitas vezes, a ideia que te nasce como o melhor remédio. Semelhante atitude, porém, seria o mesmo que debandar, menosprezando as exigências da educação.

Carrega, pois, com serenidade e valor, o fardo de aflições que o pretérito te situa nos ombros, convicto de que os associados complexos do destino são antigos parceiros de tuas experiências a repontarem do caminho, solicitando contas e acertos.

Seja qual for o ensinamento de que se façam intérpretes, roga à Sabedoria divina te inspire a conduta, a fim de que não percas o merecimento da escola a que a vida te conduziu.

Mesmo em lágrimas, lê, sem revolta, no livro do coração, as páginas de dor que te imponham, ofertando-lhes por resposta as equações do amor puro em forma de tolerância e bondade, auxílio e compreensão.

Recorda que o próprio Cristo, sem débito algum, transitou, cada dia, na Terra, entre esses professores diferentes do Espírito. E, solucionando, na base da humildade, os problemas que recebia na atitude e no comportamento de cada um, submeteu-se, a sós, à prova final da suprema renúncia, à qual igualmente te submeterás, um dia, na conquista da própria sublimação — o único meio de te elevares ao clima glorioso dos companheiros já redimidos que te aguardam, vitoriosos, nas eminências da Espiritualidade.

82
O outro

Reunião pública de 20-11-1959
Questão n° 630

Se já recolheste migalha de luz, diminui a sombra no outro.
Vê-lo-ás em toda parte, esperando-te auxílio.
Esse apela para teu pão.
Aquele aguarda a sombra de tua veste.
Esse esmola bagatela de tua bolsa.
Aquele roga um minuto de gentileza.
Entretanto, mais que isso, o outro pede compreensão.
Estava pressionado e feriu-te.
Falava sem pensar e disse a palavra que te magoou.
Superestimou a si mesmo e rolou no charco.
Enlouqueceu e tenta arrastar-te ao desequilíbrio.
Ainda quando te faça perder as últimas forças nas últimas lágrimas, compadece-te dele e ampara sempre.

Se soubesse o que sabes, não seria problema.

Se pudesse sustentar-se, não cairia.

Muitas vezes terá tido o propósito de acertar, mas, perdido no nevoeiro da ignorância, tomou o erro pela verdade.

Estimaria, decerto, sentir como sentes; contudo, ainda não recebeu no caminho as oportunidades que recebeste.

Se te ironiza, oferece-lhe paciência.

Se te ofende, consagra-lhe paciência maior.

Mesmo em se mostrando embaraçado no crime, não lhe roubes o testemunho de amizade e esperança, porque amanhã, colhido no esfogueante tribunal do remorso, lembrará teu consolo como gota de bênção.

Se és a vítima, compadece-te ainda mais, porque não desconheces quanta dor há na conta da vida para o verbo que amaldiçoa e para a mão que apedreja.

O outro é pedaço de nossa história, retratista de nossos atos, espelho de nossas aquisições, reflexo de nós mesmos.

Em casa, é quem te comunga a faixa doméstica.

No mundo, é o companheiro de experiência, seja na taça da simpatia seja no gral da aversão.

Desse modo, sempre que impelido ao discernimento do bem, pensa no outro...

Seja quem for, será sempre a notícia do bem que vibre em tua alma, porque o bem que lhe ofertes é o bem verdadeiro que a Lei te credita no livro da consciência.

A árvore é julgada pelos frutos.

A criatura é vista pelas próprias obras.

Em todos os sucessos que partilhemos, alguém nos carrega a imagem.

Aquilo, pois, que fizeste ao outro, a ti mesmo fizeste.

83
Se desejas

Reunião pública de 23-11-1959
Questão nº 843

Toda melhora parece distante.
Toda superação surge como sendo quase impossível.
Pediste, porém, o berço terrestre no exato lugar em que te cabe aprender e reaprender.
Não olvides, por isso, que o domínio da lição não dispensa a vontade.
Recebeste no lar muitos daqueles que te não alimentam a simpatia.
No entanto, se desejas, podes transformar toda aversão em amor, desde que te decidas a ajudá-los com paciência.
Sofres o chefe insano a crivar-te de inúmeros dissabores.
Contudo, se desejas, podes convertê-lo em amigo, desde que te disponhas a auxiliá-lo sem pretensão.

Padeces dura condição social, renteando o infortúnio.

Todavia, se desejas, podes transfigurar a subalternidade em elevação, desde que te eduques, para que a vida te use em plano mais alto.

Trazes o órgão enfermo a cercar-te de inibições.

Entretanto, se desejas, podes aproveitá-lo na própria sublimação, em nível superior.

Ainda hoje, é possível que encontres sombras enormes...

O obstáculo dos que te não compreendem, a palavra dos que te insultam, o apontamento insensato ou as lágrimas que a prova redentora talvez te venha pedir...

Mas podes usar o silêncio e a oração, clareando o caminho...

Declaras-te sem trabalho, amargando posição desprezível, mas, se desejas, podes ainda agora começar humilde tarefa, conquistando respeito e cooperação.

Acusam-te de erros graves, criando-te impedimentos, mas, se desejas, podes tomar, em bases de humildade e serviço, a atitude necessária à justa renovação.

Sentes-te dominado por esse ou aquele hábito vicioso que te exila no desapreço, mas, se desejas, podes reaver o próprio equilíbrio, empenhando energia e tempo no suor do trabalho digno.

Afirmas-te na impossibilidade de socorrer os necessitados, mas, se desejas, podes efetuar pequeninos sacrifícios domésticos em favor dos outros, de modo a que tua vida seja uma bênção na vida de teus irmãos.

Para isso, porém, é preciso não esquecer os recursos singelos que tanta gente deixa ao olvido...

O minuto de tolerância.

O esquecimento de toda injúria.

O concurso anônimo.

A bondade que ninguém pede.

O contato do livro nobre.

A enxada obediente.
A panela esquecida.
O tanque de lavar.
A agulha simples.
A flor da amizade.
O resto de pão.
Queixas-te de necessidade e desencanto, fadiga e discórdia, abandono e solidão, mas, se realmente desejas, tudo pode mudar.

84
Cada hora

Reunião pública de 27-11-1959
Questão nº 721

Faze de cada hora — um poema de amor.
Renúncia vazia — terra seca.
Oração sem serviço — candeia apagada.
Alegria sem trabalho — flor sem proveito.
Cultura sem caridade — árvore estéril.
Sermão sem exemplo — trovoada sem chuva.
Tribuna sem suor — esquife sonoro.
Inteligência trancada — luz no deserto.
Vida sem ação — enterro lento.
Filosofia sem bondade — conversa vã.
Talento oculto — fonte escondida.
Fé parada — vaso inútil.
Virtude sem movimento — ninho morto.

Lição sem obras — museu de ideias.
Repara os recursos de que dispões:
– Pensamento nobre.
– Conhecimento superior.
– Raciocínio pronto.
– Diretrizes claras.
– Ouvidos percucientes
– Olhos iluminados.
– Verbo fácil.
– Movimentos livres.
– Mãos seguras.
– Pés hábeis.
Não te afeiçoes a mortificações improfícuas.
Cada criatura, onde passa, deixa o próprio reflexo.
Só a inércia vagueia no mundo como sombra na sombra.
Tu, porém, deves caminhar, à feição do raio solar, dissipando as trevas.
Cada hora, podes fazer a dor menos amarga.
Cada hora, podes fazer a luta mais construtiva.
Imensos são os males do mundo — não os agraves com o desespero.
Enormes são as mágoas dos outros — não as multipliques com o fel da reprovação.
Onde estiveres, restaura, conserta, alivia, ampara e desculpa...
Em qualquer circunstância, recorda o Cristo, que passou entre os homens entendendo e ajudando... E mesmo quando se viu condenado sem culpa pelos mesmos homens aos quais servia, partiu para a morte, perdoando e amando... Torturado na cruz, mas de braços abertos.

85
No grande minuto

Reunião pública de 30-11-1959
Questão nº 646

No grande minuto da experiência, disseste desapontado:
– Só vejo o mal pelo bem.
– Não posso mais.
– Fracassei.
– Agora é parar com tudo.
– Fiz o possível
– Não me fales mais nisso.
– Estou farto.
– Muito difícil.
– Em tudo é desilusão.
– Sofri que chega.
– Continue quem quiser.
– Ninguém me ajuda.

– Deixa-me em paz.
– Estou vencido.
– Não quero complicações.
– É problema dos outros.
– Não sou santo.
– Desisti.
– Basta de lutas.

Entretanto, sombra vencida é porta de luz maior.

Se os amigos fugiram, continua fiel ao bem.

Se tudo é aflição em torno, não desanimes.

Se alguém te calunia, responde sempre fazendo o melhor que possas.

Se caíste, levanta-te renovado e corrige a ti mesmo.

Não existe merecimento naquilo que nada custa.

Todos nós aprendemos e trabalhamos, dias e dias, e, às vezes, por muitos anos, para vencer nesse ou naquele grande momento chamado "crise".

É a vitória na crise que nos confere mais ampla capacidade.

Se pedes roteiro para mirar, recorda o Cristo, na derrota aparente.

Humilhado e batido, supliciado e crucificado, torna ao mundo em Espírito, sem que ninguém lhe requeira a volta.

E, materializando-se, divino, entre os mesmos companheiros que o haviam abandonado, longe de referir-se aos remoques e tormentos da véspera, recomeça o trabalho, dizendo simplesmente:

— A paz seja convosco.

86
Dominar e falar

Reunião pública de 4-12-1959
Questão nº 904

Dominas o fogo, escravizando-o à lide caseira.
Burilas a pedra, arrancando-lhe obras-primas.
Conquistas os metais, neles plasmando complicadas expressões de serviço.
Amansas os animais ferozes, deles fazendo cooperadores na economia doméstica.
Disciplinas o vapor e o combustível, anulando as distâncias.
Diriges tratores pesados, transfigurando a face da gleba.
Submetes a eletricidade, e glorificas a civilização.
Retiras o veneno de serpentes temíveis, fabricando remédios.
Senhoreias a energia nuclear e começas a alterar, com ela, a fisionomia do mundo.

Controlas a velocidade, e inicias vigorosa excursão, para além do planeta.

Entretanto, ai de nós! Todos trazemos leve músculo selvagem muito distante da educação.

Com ele, forjamos guerras. Libertamos instintos inferiores. Destruímos lares. Empestamos vidas alheias. Envilecemos o caminho dos outros. Corrompemos o próximo. Revolvemos o lixo moral da Terra. Veiculamos o pessimismo. Criamos infinitos problemas. Injuriamos. Criticamos. Caluniamos. Deprimimos.

Esse órgão minúsculo é a língua — lâmina pequenina, embainhada na boca.

Instrumento sublime, feito para louvar e instruir, ajudar e incentivar o bem, quantas vezes nos valemos dela para censurar e vergastar, perturbar e ferir!...

Governemo-la, pois, transformando-a em leme de paz e amor no barco de nossas vidas!

E, alicerçados nas lições do Evangelho, roguemos a Deus nos inspire sempre a dizer isso ou aquilo como o próprio Jesus desejaria ter dito.

87
Contigo

Reunião pública de 7-12-1959
Questão no 114

A lei protege.
O lar acolhe.
A família une.
O tempo concede.
O ensejo faculta.
A ação cria.
O mestre orienta.
O livro instrui.
O trabalho habilita.
A luta desbasta.
A prova define.
O hábito mecaniza.
A experiência prepara.

O título endossa.
A dor avisa.
A doença depura.
A tentação experimenta.
O obstáculo desafia.
O amigo ampara.
O adversário incentiva.
O afeto nutre.
O auxílio encoraja.
A bondade abençoa.
A fé sustenta.
A oração fortalece.
A morte examina.

O mérito, no entanto, a fim de que recolhas novo alento e passagem para planos superiores, é problema contigo.

E, em toda circunstância, depende da melhora que fizeres, buscando educar a ti mesmo, aprendendo e servindo, amando e perdoando, para a glória da vida, ante a glória de Deus.

88
O teste

Reunião pública de 11-12-1959
Questão nº 469

Lutando, disseste: "não posso mais".
E ajudaste os que te roubam a fortaleza.
Batido, clamaste: "reagirei".
E amparaste os que te induzem à violência.
Esquecido, gemeste: "estou sozinho".
E ajudaste os que te bloqueiam a confiança.
Caluniado, gritaste: "vingar-me-ei".
E amparaste os que te guiam à crueldade.
Ferido, bradaste: "quero justiça".
E ajudaste os que te furtam a tolerância.
Por isso mesmo, asseveras frequentemente:
– Morro de angústia.
– Enjoei de viver.

— A fadiga me vence.
— Tudo perdido.
— Nada mais a fazer.
Tentando justificar-te, recorres à filosofia de ocasião e repetes rifões e chavões antigos:
— A dança obedece à música.
— Faço como me ensinam.
— Seja virtuoso quem puder ser.
— Amanhã virá quem bom me fará.
— Tarde demais.
— Fiz tudo.
— Depois eu faço.
— Lavei as mãos.
Recorda, porém, que toda dificuldade é teste renovador.
Todos somos tentados na imperfeição que trazemos.
Queixa é fuga.
Impaciência é perigo.
Censura é auxílio ao perseguidor.
Revolta é força que apressa o crime.
Ataque é óleo no fogo.
Desforço é golpe que apaga a luz.
Desespero é chave ao ladrão.
Maltratado, busca o bem.
Injuriado, fala o bem.
Contrariado, procura o bem.
Traído, renova o bem.
Assaltado, conserva o bem.
A única fórmula clara e segura de vencer no teste contra as influências inferiores será sempre, o que for, com quem for e seja onde for, esquecer o mal e fazer o bem.

89
Simpatia

Reunião pública de 14-12-1959
Questão nº 931

Compadece-te de quem se aproxima. Não te encarceres nas aparências.

Há risadas que disfarçam soluços. Muita veste custosa esconde feridas.

O legislador que te parece feliz muita vez gemerá em desespero silencioso.

O administrador que passa, indiferente, carrega na cabeça tão esfogueantes problemas que deixou de saudar-te.

O expositor de ensinamentos sublimes que se te afigura a cavaleiro das vicissitudes humanas caminhará, talvez, cada dia, atormentado de tentações.

O titulado que respira sob o apreço público pela elevação cultural e profissional a que se guindou, em muitas ocasiões, transporta consigo amargas experiências.

O comerciante que supões regalado, na mesa opípara, guarda provavelmente o estômago ulceroso com extrema dificuldade para comer.

O artista que presumes campeão do prazer, porque trabalha sorrindo, quase sempre carrega no coração um vaso de lágrimas.

A mulher que julgas vaidosa porque anda adornada, em muitas circunstâncias, chora por dentro, crucificada no martírio doméstico.

A pessoa que acreditas insensata por revelar-se autoritária ou pretensiosa, na maioria das vezes, é simples caso de obsessão.

A sociedade é filtro gigantesco do Espírito.

Cada consciência permanece no crivo que lhe é necessário.

Atende à fome do corpo, mas não desprezes a fome da alma.

Alivia aqueles que exibem chagas à mostra; no entanto, ampara também os que trazem chagas ocultas.

Toda criatura pede auxílio e entendimento.

E ninguém há que não seja digno de socorro e compreensão.

Cede, assim, aos outros a simpatia que advogas em favor de ti mesmo.

Todos sabemos que a Terra é ainda estação de lutas expiatórias, mas será de futuro o domicílio do eterno bem.

Contudo, estejamos certos de que o bem de todos começa sempre no esforço construtivo de cada um.

90
Louvor do Natal

Reunião pública de 18-12-1959
Questão nº 1.017

Senhor Jesus!
Quando vieste ao mundo, numerosos conquistadores haviam passado, cimentando reinos de pedra com sangue e lágrimas.

Na retaguarda dos carros de ouro e púrpura em que lhes fulgia a vitória, alastravam-se, como rastros da morte, a degradação e a pilhagem, a maldição do solo envilecido e o choro das vítimas indefesas.

Levantavam-se, poderosos, em palácios fortificados e faziam leis de baraço e cutelo, para serem, logo após, esquecidos no rol dos carrascos da Humanidade.

Entretanto, Senhor, nasceste nas palhas e permaneceste lembrado para sempre.

Ninguém sabe até hoje quais foram os tratadores de animais que te ofertaram esburacada manta por leito simples e ignora-se quem foi o benfeitor que te arrancou ao desconforto da estrebaria para o clima do lar.

Cresceste sem nada pedir que não fosse o culto à verdadeira fraternidade.

Escolheste vilarejos anônimos para a moldura de tua palavra sublime... Buscaste para companheiros de tua obra homens rudes, cujas mãos calejadas não lhes favoreciam os voos do pensamento. E conversaste com a multidão sem propaganda condicionada.

No entanto, ninguém conhece o nome das crianças que te pousaram nos joelhos amigos, nem das mães fatigadas a quem te dirigiste na via pública!

A História que homenageava Júlio César, discutia Horácio, enaltecia Tibério, comentava Virgílio e admirava Mecenas não te quis conhecer em pessoa, ao lado de tua revelação, mas o povo te guardou a presença divina, e as personagens de tua epopeia chamam-se "o cego Bartimeu", "o homem de mão mirrada", "o servo do centurião", "o mancebo rico", "a mulher cananeia", "o gago de Decápolis", "a sogra de Pedro", "Lázaro, o irmão de Marta e Maria"...

Ainda assim, Senhor, sem finanças e sem cobertura política, sem assessores e sem armas, venceste os séculos e estás diante de nós, tão vivo hoje quanto ontem, chamando-nos o Espírito ao amor e à humildade que exemplificaste, para que surjam, na Terra, sem dissensão e sem violência, o trabalho e a riqueza, a tranquilidade e a alegria, como bênção de todos.

É por isso que, emocionados, recordando-te a manjedoura, repetimos em prece:

— Salve, Cristo! Os que aspiram a conquistar desde agora, em si mesmos, a luz de teu Reino e a força de tua paz te glorificam e te saúdam!...

91
Tempo e serviço

Reunião pública de 21-12-1959
Questão nº 683

Terminando as tarefas de cada dia, podes, perfeitamente, efetuar o balanço das próprias horas.

* * *

Tempo de higiene.
Conheceste os mais finos produtos da assepsia necessária ao teu conforto.
Tempo de lanche.
Conheceste o café mais saboroso ou o leite mais puro.
Tempo de dever.
Conheceste os melhores cálculos e as técnicas mais justas, valorizando o próprio interesse ou mecanizando as próprias atividades.

Tempo de refeição.
Conheceste os acepipes mais agradáveis ao paladar.
Tempo de conversa.
Conheceste pessoas e problemas, assuntos e comentários, convites e propostas que, ainda agora, te batem mentalmente às portas do Espírito.
Tempo de distração.
Conheceste passeios e entretenimentos diversos.
Tempo de leitura.
Conheceste noticiários e livros, escolhendo reportagens e autores que mais te alimentem as emoções.
Tempo de repouso.
Conheceste os mais adequados processos de descansar, preferindo leitos ou poltronas, redes generosas ou bancos acolhedores ao ar livre.

* * *

Conheceste, assim, algo de tudo o que representa conforto e segurança, rotina e convenção no caminho diário.
Entretanto, fazendo o inventário de teus impulsos e palavras, movimentos e ações, recorda que a Lei divina te conhece igualmente.
Não por teu nome, nem pelo espaço que ocupas.
Não por teu título, nem pelos direitos que te competem.
Não por tua crença religiosa, nem pelo consolo que ela te dá.
Não pela extensão dos teus dias, nem por teu grupo doméstico.
Na esfera superior és visto pelo que fazes.
O auxílio que prestas ao bem dos outros é nota de crédito em tua ficha.
E como a divina Bondade te deixa livre para fazer o bem como queiras, onde queiras e quando queiras, depende de ti

limitar o repouso, olvidar o que seja inútil e evitar o que prejudica, a fim de atenderes, em regime de ação constante, ao serviço do bem, e seres assim mais amplamente conhecido e naturalmente credenciado diante da Lei de Deus.

Índice geral[1]

A
Abnegação
  Cristo e – 79
Adolescência
  herança de si mesmo e – 45
  tendências inatas e – 45
Aborto
  consequências do – 2
  crime doloroso – 2
Aflição(ões)
  círculo das – 43
  fardo das – 81
  paciência e – 29
  suportando – 10
  tipos de – 10
Além-túmulo
  memória de – 4
  remorso e – 4
Alma
  chagas ocultas da – 65
  espelho da 21
  religião e oficina da – 62
  Teseu e – 57
  verdugo invisível e – 20
Amanhã
  renovação do Sol e – 39
Ambição
  desregramento da – 64
Amigo
  amor ao – 73
  transformação de – 73
Amor
  atração genésica e – 53
  corrigenda e – 19
  cultivo do bem e – 1
  influência benéfica e – 9
  justiça e – 71
  leme seguro e – 53
  regeneração pelo – 62
  sexo e – 53
  simpatia sexual e – 53
  transformação pelo – 1
Antão
  sonâmbulo e – 60
Ântipas
  Jesus e – 60
Antônio de Pádua
  sonâmbulo e – 55
Aparências
  simpatia e – 89
Ascensão humana
  Jesus e – 37
Ateísmo
  ideia de Deus e – 64
Atenas
  médium e oráculo em – 57
Autocrítica
  Lei divina e – 91
Azedume
  verdugo invisível e – 20

B
Babilônia
  médium e mago em – 57
Barbárie
  política e – 41

---

[1] N.E.: Remete ao número do capítulo.

Índice geral

Barrabás
  Cristo e – 51
Bem
  clarão do – 63
  estabelecimento do – 34
  livro da eternidade e – 39
  luz do – 44
  origem do – 34
Bem-aventuranças
  Boa-Nova e – 59
Beneficência
  busca da – 5
  esquecimento da – 5
  exercício da – 13
  felicidade e – 5
  vaidade e – 5
Boa-Nova
  bem-aventuranças e – 59
Bondade
  recíproca – 23
Braid, James
  fenômeno magnético e – 59
Bruno, Giordano
  pensamento e – 38
Burilamento
  professor diferente e – 81

C

Caifás
  Cristo e – 79
Calúnia
  maledicência e – 9
Caluniador
  alma invigilante e – 1
Caridade
  compaixão e – 69
  dinheiro e – 7
  Doutrina Espírita e – 80
  moral – 13; 28
  ponto de vista e – 30
  problemas da – 5
  trabalho da – 15
  vaidade e – 28
Casas de adoração
  nomenclatura das – 40
Cativeiro
  educação espiritual e – 41
Censura
  significado da – 14
Charcot
  fenômeno magnético e – 59
Ciência
  hipnose e – 55
  peste e – 41
Cobiça
  posse e – 22
Colombo
  América e – 38
Comércio
  fome e – 41
Compaixão
  caridade e – 69
  exemplo de – 19
  valorização da – 43
Compreensão
  exercício de – 82
Compromisso internacional
  esquecimento do – 64
Comte, Auguste
  sonâmbulo e – 55
Comunhão Espírita Cristã
  sessões públicas na – 1
Concessão divina
  Lei do Amor e – 29
Confiança
  otimismo e – 13
Confúcio
  pena de morte e – 50
Consanguinidade
  purgação e – 8
Consciência
  abusos da – 6
  aprimoramento da – 45
  aprovação da – 30
  consulta à – 63
  crivo da – 89
  desperta – 18
  iluminação da – 69

Índice geral

inferno e * culpada – 80
lealdade e – 27
paz da – 38
redenção da – 57
responsabilidade e – 70
subornando e – 8
suicídio e – 48
Coração
  cérebro hipertrofiado e * distraído – 21
Corpo espiritual *ver* Perispírito
Corpo físico
  abusos no – 18
  finalidade do – 23
  instrumento divino – 48
  morte do – 22
Crianças
  desamparadas – 72
Crianças-problema
  professores dignos e – 62
  reencarnação e – 6
Criminoso
  juízes compreensivos e – 62
Crise
  hora da – 70
  vitória na – 85
Cristão
  comportamento do – 50
Cristianismo
  Espiritismo e – 27
  Estevão e – 38
  sonâmbulo e – 55
Cristo *ver* Jesus

D

Dante
  sonâmbulo e – 55
Débito
  ressarcimento de * desconhecido – 8
Delinquência
  cúmplice na – 18
  descaridade e – 63
  despenhadeiro da – 20
  punição e – 8
Delinquente

transformação do – 3
Desapontamento
  palavras de – 85
Desejo reprimido
  psicanálise e – 76
Desencarnação
  bens materiais e – 44
Deus
  adoração a * em Espírito – 76
  amor a – 40
  ateísmo e ideia de – 64
  bênção de – 66
  dons da vida e – 34
  esquecimento de – 64
  identificação da presença de – 11
  justiça de – 66; 71
  Mamon a serviço de – 7
  materialismo e ideia de – 68
  pensamento humano e ideia de – 64
Dever
  fuga do – 47
Dificuldade
  fuga da – 81
  teste da – 88
Dignidade
  restauração da – 18
Dinheiro
  caridade, remédio e – 7
  desastre iminente – 7
  inconveniências e desvantagens do – 7
  responsabilidade da posse do – 7
Dívida
  extensão e natureza da – 34
  quitação de – 15; 26
Dorcas
  Cristo e – 52
Doutrina de paz
  instituto doméstico e – 5
Doutrina do Cristo
  aperfeiçoamento moral e – 80
  Doutrina Espírita e – 80
Doutrina Espírita *ver também* Espiritismo
  caridade incondicional e – 80
  continuidade da vida e – 80

Índice geral

dignificação da – 80
Doutrina do Cristo e – 80
ensinamentos de Jesus e – 60
Espíritos infelizes e – 80
Evangelho e – 41; 55; 76; 80
fé e – 80
fenômeno mediúnico e – 80
fidelidade à – 80
hostilidade e – 60
Jesus e – 57
liberalidade, entendimento e – 80
mediunidade e – 57
pavor do inferno e – 80
penas e recompensas e – 80
pluralidade dos mundos habitados
 e – 78
solução dos problemas e – 80

E
Edison, Thomas
 mensageiro da espiritualidade – 56
Educação espiritual
 cativeiro e – 41
Educandário doméstico *ver* Lar
Egito de Ramsés
 fenômeno magnético e – 59
Egoísmo
 guerra e – 41
 humanidade e – 79
 libertação do – 29
 orgulho e – 20
Enfermidade
 lições da – 23
Epopeia
 personagens da * de Jesus – 90
Esperança
 cultivo da – 15
 renovação da – 63
Espírita
 miopia espiritual e – 27
 modo de ser – 80
 palavras ao – 27
 tarefa de restauração e – 27
Espiritismo *ver também* Doutrina Espírita

Cristianismo e – 27
 infração do – 60
 lições de Jesus e – 27
 materialismo e – 67
 revelação do – 30
Espírito
 educação do – 68
 escolha das provações pelo – 61
Espírito desencarnado
 interferência do – 56
 lei de causa e efeito e – 56
Espírito infeliz
 Doutrina Espírita e – 80
Espírito rebelde
 cárcere de dor e – 29
Esquecimento do passado
 objetivo do – 45
Estevão
 Cristianismo e – 38
 Jesus e – 57
Eunice
 Cristo e – 52
Eutanásia
 prática da – 23
Evangelho
 cursos de estudo do – 68
 Doutrina Espírita e – 41; 76; 80
 guerra e – O caminho a paz
 Lutero e – 38
Expiação
 dores alheias e – 24
 reencarnação e – 24
 suicídio e – 48

F
Falso profeta
 ante o – 22
Família consanguínea
 grupo estudantil e – 65
Fé
 adorno e – 40
 cultivo da – 40
 Doutrina Espírita e – 80
 Jan Hus e – 38

Índice geral

tesouro da – 13
Febe
  Cristo e – 52
Felicidade
  beneficência e – 5
  busca da – 51
  Jesus e * suprema – 37
  compra da – 66
  semente da – 25
  verdadeira – 7; 51
Fenômeno magnético
  Charcot e – 59
  Durand de Gross e – 59
  Egito de Ramsés e – 59
  James Braid e – 59
  Jesus e – 59
  Liébeault e – 59
  Mesmer e – 59
Fenômeno mediúnico
  Doutrina Espírita e – 80
  importância do – 57
  Jesus e – 57
  povos primitivos e – 57
  redenção da consciência e – 57
Festim de Baltasar
  Velho Testamento e – 57
Fidelidade
  desenvolvimento da – 27
Flama Espírita, A
  publicação de anotações e – Religião dos Espíritos
Fome
  comércio e – 41
Francisco de Assis
  sonâmbulo e – 55

G

Galileu
  Universo e – 38
Gandhi
  não violência e – 38
Gogh, Van
  sonâmbulo e – 55
Gross, Durand de
  fenômeno magnético e – 59
Guerra
  egoísmo e – 41
  Evangelho e – 41
  extinção da – 41
Guia real
  Jesus e – 37
Gutenberg
  imprensa e – 38

H

Hauff, Frederica
  sonâmbulo e – 55
Herança
  espiritual – 18
  verdadeira – 18
Herodes
  Jesus e – 17
  pena de morte e – 50
Higiene
  imundice e – 41
Hipnose natural
  memória e – 45
História
  homenagens da – 90
Homem
  equilíbrio do – 76
Homem bom
  compreensão, misericórdia e – 49
  Jesus e – 49
Homem inteligente
  segundo Jesus – 36
Homicídio
  reencarnação e – 61
Humanidade
  carrascos da – 90
  egoísmo e – 79
Humildade
  caridade em Cristo – 29
  dever da – 22
  Jesus e – 17
  valorização da – 43
Hus, Jan
  fé e – 38

Índice geral

I
Ideia conturbada
   exteriorização da – 61
Ideia inata
   jovens e – 54
Ignorância
   imprensa e – 41
   miséria e – 1
   nevoeiro da – 82
   ofensa e – 63
Imprensa
   ignorância e – 41
Imundice
   higiene e – 41
Indulgência
   campanha da – 74
   vitória da vítima e – 38
Indústria
   primitivismo e – 41
Inércia
   sombra e – 84
Infanticídio
   provas do reajuste e – 2
Inferno
   consciência culpada e – 80
   Doutrina Espírita e – 80
Inquietação sexual
   irresponsabilidade e – 53
Insulamento
   telégrafo e – 41
Interpretação espírita
   pensamento cristão e – 40

J
Jerusalém
   médium e profeta em – 57
Jesus
   abnegação e – 79
   advertências do – 41
   amor fraterno e – 53
   Ântipas e – 60
   aprimoramento da Humanidade e – 38
   ascensão humana e – 37
   aviso celestial de – 50
   Barrabás e – 51
   Caifás e – 79
   Caminho, Verdade e Vida e – 28
   chamados em nome do – 42
   condenação de – 60
   culpa de – 60
   Deus e – 11
   Dorcas e – 52
   doutores da Lei e – 17
   Doutrina Espírita e – 57; 60
   Espiritismo e – 27
   Estevão e – 57
   Eunice e – 52
   exemplos de – 40; 90
   exemplos do – 22; 27; 71; 79
   exigências e apelos de – 42
   Febe e – 52
   felicidade suprema e – 37
   fenômeno magnético e – 59
   fenômeno mediúnico e – 57
   fidelidade e – 42
   guia real e – 37
   Herodes e – 17
   homem bom e – 49
   homem inteligente segundo – 36
   humildade e – 17; 90
   Iscariotes e – 79
   Joana de Cusa e – 52
   Judas e – 11; 17; 59
   justiça terrestre e – 50
   Lázaro e – 23
   lição de – 9
   Lídia e – 52
   Livro dos Espíritos, O, e – 37
   Loide e – 52
   Madalena e – 52; 59
   Madalena e – 52; 59
   manjedoura e – 11
   Maria de Magdala e – 79
   Maria de Magdala e – 11; 17; 57
   mulher ante o – 52
   ofensa e comportamento de – 66
   parábola do bom samaritano e – 49

Índice geral

parábola do festim das bodas e – 29
paz, proteção terapêutica e – 76
pena de morte e – 50
personagens da epopeia de – 90
petições à – 30
petições de – 30
Pilatos e – 60
Pilatos e – 79
professor diferente e – 81
recordação do – 84
revelação da Verdade e – 27
Saulo de Tarso e – 11; 17; 57
Simão Pedro e – 11; 57; 59
sol moral do mundo – 76
solidariedade e – 42
sublimação da existência e – 28
vicissitudes da Terra e – 17
Zaqueu e – 59
Joana de Cusa
   Cristo e – 52
   fidelidade de – 52
Jovem
   amor ao trabalho e – 54
   caráter do – 54
   ideias inatas e – 54
   moralmente mutilado – 54
   orfandade e – 54
   patologia mental e – 54
Judas
   Jesus e – 11; 17; 59
Justiça
   além da morte – 8
   amor e – 71

K
Kardec, Allan
   culto às bases de – 27
   curso de estudo das obras de – 68

L
Lágrimas
   chuva de fel e – 58
Lamentação
   labirinto da – 73
Lar
   dever no – 8
   simpatia no – 83
Lavoura e Comércio
   publicação de anotações e – Religião dos Espíritos
Lázaro
   Cristo e – 23
Lealdade
   dever de – 51
Lei de causa e efeito
   reencarnação e – 26; 39
   suicida e – 48
Lei divina
   autocrítica e – 91
   insulto à – 31
   quitação com a – 15
   serviço do bem e – 91
Lei do Amor
   concessão divina e – 29
Lei eterna
   ajustamento à – 12
Letargia
   abrigo materno e – 45
Leviandade
   exaltação da – 12
Lídia
   Cristo e – 52
Liébeault
   fenômeno magnético e – 59
Lincoln
   assassínio de – 38
Livro da eternidade
   bem e – 39
Livro dos espíritos, O
   escolha do texto de – Religião dos espíritos
   Jesus e – 37
   Religião dos espíritos e – Religião dos espíritos
Lóide
   Cristo e – 52
Loucura

Índice geral

vida espiritual e – 6
Lua
   incursão além da – 78
Lutero
   Evangelho e – 38

M

Madalena
   Cristo e – 52;59
   soerguimento moral de – 52
Mãe
   filhos desditosos e – 71
Magdala, Maria de
   Jesus e – 11; 17; 57; 79
Mágoa
   reprovação e – 84
Mal
   antídoto contra o – 61
   esquecimento do – 38
   fonte do – 34
   libertação e extinção do – 47
   prevenção contra o – 47
   sugestões do – 61
   vítimas do – 74
Maledicência
   calúnia e – 9
Mamon
   Deus e – 7
Manjedoura
   Jesus e – 11
Maomé
   pena de morte e – 50
   sonâmbulo e – 55
Materialismo
   chaga oculta e – 68
   Espiritismo e – 67
   ideia de Deus e – 68
   interpretação do – 68
   sombra do – 68
Materialista
   concepção do – 67
   genética humana e – 67
   liberdade e – 67
   mocidade acadêmica e – 67

religião e – 67
Maupassant, Guy de
   sonâmbulo e – 55
Médium
   arúspice em Roma e – 57
   mago em Babilônia e – 57
   oráculo em Atenas e – 57
   profeta em Jerusalém e – 57
   sacerdote em Tebas e – 57
Mediunidade
   compromissos e – 16
   dever cumprido e – 16
   Doutrina Espírita e – 57
   estudo e – 16
   obsessão e – 16
   vampirismo e – 16
Memória
   além-túmulo e – 4
   espelho do passado e – 4
   hipnose natural e – 45
   registro contábil da – 4
Mensageiro da espiritualidade
   Cristo e – 56
   Louis Pasteur e – 56
   missão do – 56
   Thomas Edison e – 56
Mensageiro divino
   apoio do – 35
   ensinamentos do – 35
   exemplo da virtude e – 35
   presença do – 35
   remédio da verdade e – 35
Mente
   desequilíbrio da – 6
Mérito
   conquista do – 87
Mesmer
   fenômeno magnético e – 59
Mestre *ver* Jesus
Miséria
   ignorância e – 1
Modéstia
   orgulho e – 28
Moisés

Índice geral

pena de morte e – 50
Moléstia *ver* Enfermidade
Morte
   Carlos V e – 44
   Comte e – 44
   Elisabeth I e – 44
   influência renovadora da – 26
   Molière e – 44
   Napoleão e – 44
   provação e – 58
   sofrimento e – 58
Morte suave *ver* Eutanásia
Mortos
   sentimentos dos – 58
Mortos-vivos
   lembranças dos – 77
Mulher
   Cristo e resposta da – 52
   exemplo de – 52
   solidariedade espontânea da – 52
Mundo antigo
   flagelos do – 41

N
Natureza
   bondade de Deus e – 31
Nova Revelação *ver* Doutrina Espírita

O
Obreiro do Senhor
   caminhada do – 32
   traços do – 32
Obsessão
   mediunidade e – 16
   pensamento e – 3
   recurso contra – 3
   sintonia e – 70
Ociosidade
   princípios morais e – 41
Ofensa
   ignorância e – 63
Ofício religioso
   altares para – 40
Oração

auxílio e – 71
cerimônias complexas e – 71
confiança e – 33
eficácia da – 21
humildade, paciência e – 75
merecimento e – 21
provação e – 33
refazimento e – 33
silêncio e – 73; 83
valor da – 33
Orgulho
   egoísmo e – 20
   modéstia e – 28
   pedestal do – 30
   vaidade e – 22
Otimismo
   confiança e –13

P
Paciência
   exercício de – 43; 82
   prova da – 75
Paixões
   arrastamento às – 66
   flagelos e – 24
Parábola do bom samaritano
   Jesus e – 49
Parábola do festim das bodas
   Jesus e – 29
Pasteur, Louis
   mensageiro da espiritualidade – 56
   métodos da Ciência e – 38
Paulo de Tarso
   sonâmbulo e – 55
Paz
   problema da – 41
Pedro, Simão
   Jesus e – 11; 57; 59
Pena de morte
   Confúcio e – 50
   Herodes e – 50
   Jesus e – 50
   Maomé e – 50
   Moisés e – 50

Índice geral

Pilatos e – 50
Sidarta e – 50
Pensamento
  obsessão e – 3
  pessimismo e – 31
  tentação e – 3
  viciação do – 61
Pensamento cristão
  interpretação espírita e – 40
Pensamento humano
  ideia de Deus e – 64
Perispírito
  restrição do – 45
  suicídio e – 48
Perseguidor
  identificação do – 1
  perseguido e – 38
Pessimismo
  consequências do – 31
  pensamento e – 31
  preguiça e – 31
  suicídio e – 31
  vítima do – 31
Peste
  Ciência e – 41
Pilatos
  Jesus e – 60; 79
  pena de morte e – 50
Pluralidade dos mundos habitados
  Doutrina Espírita e – 78
  seres vivos e – 78
Política
  barbárie e – 41
Posse
  cobiça e – 22
Povos primitivos
  fenômeno mediúnico e – 57
  iniciados e – 57
Preguiça
  pessimismo e – 31
Primitivismo
  indústria e – 41
Privilégio
  abuso do – 34

Prece *ver* Oração
Preguiça
  exaltação da – 12
Presença divina *ver* Deus
Princípios morais
  ociosidade e –41
  amor puro e – 81
  burilamento e – 81
  Cristo e – 81
  ensinamento do – 81
  lições do – 81
  problemas do – 81
Prostração psíquica
  finalidade da – 45
  hipnose terapêutica e – 45
  sete anos de – 45
Provação
  morte e – 58
  oração e – 59
Provas
  banca de – 43
Psicanálise
  desejo reprimido e – 76
Purgação
  consanguinidade e – 8

R

Rebeldia
  verdugo invisível e – 20
Reencarnação
  crianças-problema e – 6
  escolha das doenças na – 61
  esquecimento e – 45
  estágio de serviço e – 45
  expiação e – 24
  finalidade da – 65
  homicídio, suicídio e – 61
  hipnose natural e – 45
  hipnose terapêutica e – 45
  imprescindibilidade da – 65
  lei de causa e efeito e – 26
  merecimento e – 44
  objetivo da – 26
  presente, passado e – 39

Índice geral

prostração psíquica e – 45
prova científica da – 76
quadros da Natureza e – 65
solicitada – 24
vida eterna e – 45
Reforma íntima
  necessidade da – 86
Reformador
  publicação de anotações e – Religião dos espíritos
Reino de Deus
  serviço no – 29
Religião
  oficina da alma e – 62
Religião dos espíritos
  Livro dos espíritos, O, e – Religião dos espíritos
  objetivo de – Religião dos espíritos
Renascimento
  oportunidade de – 15
  renovação e – 15
Renúncia
  sofrimento e – 79
Repreensão
  paciência e esperança na – 19
Responsabilidade
  consciência e – 70
Ricos
  oração pelos – 25
Roma
  médium e arúspice em – 57

S

Saulo de Tarso
  Jesus e – 11; 57
Semente
  cultura de * preciosa – 9
  talentos celestiais e – 25
  trabalho, * da felicidade – 25
Senhor *ver* Jesus
Sensitivo
  instrumento mecânico e – 56
Sentimento
  herança e – 44

Sexo
  amor e – 53
  consequências do * depravado – 53
  edificação espiritual e – 53
  energia criativa e – 53
  finalidade do – 53
Sidarta
  pena de morte e – 50
Simpatia
  aparências e – 89
Simpatia sexual
  amor e – 53
  obras morais e – 53
Sintonia
  obsessão e – 70
Sociedade
  filtro do Espírito – 89
Sofrimento
  mensageiro justo e – 29
  morte e – 58
  prova do – 75
  renúncia e – 79
  universidade do – 43
Sol
  amanhã e renovação do – 39
Solidariedade
  Jesus e – 42
Sonambulismo magnético
  sonâmbulo do sarcasmo e – 55
Sonâmbulo
  Antão e – 55
  Antônio de Pádua e – 55
  Auguste Comte e – 55
  Cristianismo e – 55
  Dante e – 55
  Frederica Hauff e – 55
  Francisco de Assis e – 55
  Guy de Maupassant e – 55
  Maomé e – 55
  Paulo de Tarso e – 55
  Teresa de Ávila e – 55
  Van Gogh e – 55
Sonâmbulo
  sonambulismo magnético e – 55

Índice geral

Suicida
  ciência médica e – 48
  enfermidades, inibições e – 48
  expiação e – 48
  lei de causa e efeito e – 48
Suicídio
  calamidades congênitas e – 48
  consciência e – 48
  intencional – 48
  perispírito e – 48
  pessimismo e – 31
  reencarnação e – 61
  tipos de – 48
Supérfluo
  carência e – 79
  conversão do – 12
  desacertos do – 12

T
Talento
  devolução de – 63
  utilização do – 34
Talento mediúnico
  responsabilidade e – 16
Tebas
  médium e sacerdote em – 57
Telégrafo
  insulamento e – 41
Tempo
  cobrança do – 66
  dádiva do – 63
  serviço e – 91
Tentação
  crime e – 69
  crítica e – 69
  imperfeição e – 88
  obsessão e – 69
  origem da – 3
  pensamento e – 3
  vaidade e – 69
  viciação e – 69
Teresa de Ávila
  sonâmbulo e – 55
Terra
  domicílio eterno do bem e –89
  escola espiritual e – 43
  Jesus e vicissitudes da – 17
  vida moral na – 56
Teseu
  alma de – 57
Teste
  dificuldade e * renovador – 88
  exercício no bem e – 88
  vitória e – 88
Trabalho
  antídoto e – 3
  ausência de – 83
  benção do – 46
  benefícios do – 46
  escolha do gênero de – 92
  humildade, benevolência e – 46
  iluminação interior e * no bem – 65
  monstruosidades morais e – 46
  recomeço do – 85
  semente da felicidade e – 25
Tragédia
  guerra de nervos e – 2
Trevas
  desembaraço das – 21

U
Unidade religiosa
  assistência social, oração e – 76
Universo
  Galileu e – 38

V
Vaidade
  beneficência e – 5
  caridade e – 28
  orgulho e – 22
Vampirismo
  mediunidade e – 16
Velho Testamento
  festim de Baltasar e – 57
Verdade
  receio da – 71
Via láctea

características da – 78
Vida
    respostas da – 21; 64
Vida espiritual
    arrependimento, remorso e – 6
    loucura e – 6
Vida eterna
    estágio de serviço e – 45
Vida fetal
    sono profundo e – 45
Vida social
    respeito na – 18
Virtude
    cântico de exalação à – 69
    exemplo de – 79
    pregação da – 74
Vivos-mortos
    oração pelos – 77

Z
Zaqueu
    Jesus e – 59

O EVANGELHO NO LAR

Quando o ensinamento do Mestre vibra entre quatro paredes de um templo doméstico, os pequeninos sacrifícios tecem a felicidade comum.[1]

Quando entendemos a importância do estudo do Evangelho de Jesus, como diretriz ao aprimoramento moral, compreendemos que o primeiro local para esse estudo e vivência de seus ensinos é o próprio lar.

É no reduto doméstico, assim como fazia Jesus, no lar que o acolhia, a casa de Pedro, que as primeiras lições do Evangelho devem ser lidas, sentidas e vivenciadas.

O espírita compreende que sua missão no mundo principia no reduto doméstico, em sua casa, por meio do estudo do Evangelho de Jesus no Lar.

Então, como fazer?

Converse com todos que residem com você sobre a importância desse estudo, para que, em família, possam compreender melhor os ensinamentos cristãos, a partir de um momento de união fraterna, que se desenvolverá de maneira harmônica e respeitosa. Explique que as reflexões conjuntas acerca do Evangelho permitirão manter o ambiente da casa espiritualmente saneado, por meio de sentimentos e pensamentos elevados, favorecendo a presença e a influência de Mensageiros do Bem; explique, também, que esse momento facilitará, em sua residência, a recepção do amparo espiritual, já que auxilia na manutenção de elevado padrão vibratório no ambiente e em cada um que ali vive.

Convide sua família, quem mora com você, para participar. Se mora sozinho, defina para você esse momento precioso de estudo e reflexões. Lembre-se de que, espiritualmente, sempre estamos acompanhados.

Escolha, na semana, um dia e horário em que todos possam estar presentes.

O tempo médio para a realização do Evangelho no Lar costuma ser de trinta minutos.

---

[1] XAVIER, Francisco Cândido. *Luz no lar*. Por Espíritos diversos. 12. ed. 7. imp. Brasília: FEB, 2018. Cap. 1.

As crianças são bem-vindas e, se houver visitantes em casa, eles também podem ser convidados a participar. Se não forem espíritas, apenas explique a eles a finalidade e importância daquele momento.

O seguinte roteiro pode ser utilizado como sugestão:

1. Preparação: leitura de mensagem breve, sem comentários;
2. Início: prece simples e espontânea;
3. Leitura: *O evangelho segundo o espiritismo* (um ou dois itens, por estudo, desde o prefácio);
4. Comentários: breves, com a participação dos presentes, evidenciando o ensino moral aplicado às situações do dia a dia;
5. Vibrações: pela fraternidade, paz e pelo equilíbrio entre os povos; pelos governantes; pela vivência do Evangelho de Jesus em todos os lares; pelo próprio lar...
6. Pedidos: por amigos, parentes, pessoas que estão necessitando de ajuda...
7. Encerramento: prece simples, sincera, agradecendo a Deus, a Jesus, aos amigos espirituais.

As seguintes obras podem ser utilizadas nesse momento tão especial:

- *O evangelho segundo o espiritismo*, como obra básica;
- *Caminho, verdade e vida*; *Pão nosso*; *Vinha de luz*; *Fonte viva*; *Agenda cristã*.

Esse momento no lar não se trata de reunião mediúnica e, portanto, qualquer ideia advinda pela via da intuição deve permanecer como comentário geral, a ser dito de maneira simples, no momento oportuno.

No estudo do Evangelho de Jesus no Lar, a fé e a perseverança são diretrizes ao aprimoramento moral de todos os envolvidos.

FEB editora
Livro espírita para um novo mundo
www.febeditora.com.br
@febeditoraoficial
@febeditora

Conselho Editorial:
Carlos Roberto Campetti
Cirne Ferreira de Araújo
Evandro Noleto Bezerra
Geraldo Campetti Sobrinho – Coord. Editorial
Jorge Godinho Barreto Nery – Presidente
Maria de Lourdes Pereira de Oliveira
Miriam Lúcia Herrera Masotti Dusi

Produção Editorial:
Elizabete de Jesus Moreira

Revisão:
Anna Cristina Rodrigues
Ligia Dib Carneiro

Capa:
Wallace Carvalho da Silva

Projeto Gráfico:
Rones José Silvano de Lima – instagram.com/bookebooks_designer

Diagramação:
Eward Bonasser Jr.

Foto de Capa:
http://www.shutterstock.com/ LilKar

Normalização Técnica:
Biblioteca de Obras Raras e Documentos Patrimoniais do Livro

Esta edição foi impressa pela Hellograf Artes Gráficas Eireli, Curitiba, PR, com tiragem de 1,4 mil exemplares, todos em formato fechado de 140x210 mm e com mancha de 104x107 mm. Os papéis utilizados foram o Off white slim 65 g/m² para o miolo e o Cartão 250 g/m² para a capa. O texto principal foi composto em fonte Adobe Garamond Pro 12/15 e os títulos em Adobe Garamond Pro 28/30. Impresso no Brasil. *Presita en Brazilo.*